Dieser Band enthält – links französisch, rechts deutsch – zwei vielgestaltige Prosa-Zyklen von Émile Zola (1840–1902). «Soziale Reportagen» möchte man diese Berichte nennen, diese unerhört frischen Darstellungen typischer Szenen aus dem Frankreich des späten 19. Jahrhunderts, diese naturalistischen Bilder vom Heiraten und vom Sterben bei reichen, weniger reichen und armen Leuten. Die Parteilichkeit des Autors für schlichte Charaktere und direkte Verhältnisse, seine Sympathie für einfaches Leben, sein Blut-und-Boden-Pathos, seine manchmal melodramatische Erzählweise – dies alles schmälert nicht die Überzeugungskraft der Gebärde: «ecce homo».

dtv zweisprachig · Edition Langewiesche-Brandt

Émile Zola

Comment on se marie et comment on meurt

Wie man heiratet und wie man stirbt

Übersetzung: Ulrich Friedrich Müller

dtv

Deutscher Taschenbuch Verlag

17.–18. Tausend November 1983
Umschlaggestaltung: Celestino Piatti
Gesamtherstellung: Kösel, Kempten
Printed in Germany · ISBN 3-423-09090-1

Comment on se marie

I

Le comte Maxime de La Roche-Mablon a trente-deux ans. Il appartient à l'une des plus vieilles familles de l'Anjou. Son père a été sénateur sous l'Empire, sans avoir abandonné, dit-il, une seule de ses convictions légitimistes. Les La Roche-Mablon, d'ailleurs, n'ont pas perdu un lopin de terre pendant l'émigration, et on les cite encore parmi les grands propriétaires de France. Quant à Maxime, il a mené une belle jeunesse, il s'est engagé comme zouave pontifical, puis est revenu à Paris où il a fait courir; il a joué, a eu des maîtresses, s'est battu en duel, sans pouvoir s'afficher.

C'est un grand garçon blond, beau cavalier, d'une intelligence moyenne, sans passions extrêmes, et qui songe maintenant à entrer dans la diplomatie, pour faire une fin.

La forte tête des La Roche-Mablon est une tante, la baronne de Bussière, une vieille dame remuante, lancée dans le monde académique et le monde politique. Dès que son neveu Maxime lui confie ses projets, elle s'écrie que, d'abord, il doit se marier, le mariage étant la base de toutes les carrières sérieuses. Maxime n'a aucune objection grave contre le mariage. Il n'y a pas songé; il préférerait rester garçon, mais enfin, s'il faut absolument qu'il se marie, pour tenir son rang dans le monde, il passera par cette formalité comme par toutes les autres. Seulement, il avoue en riant que, n'ayant aucun amour au cœur, il a beau fouiller sa mémoire, toutes les jeunes filles avec lesquelles il a dansé, dans les salons, lui
6 semblent avoir la même robe blanche et le même sourire.
7 Mme de Bussière est enchantée. Elle se charge de tout.

Wie man heiratet

I

Maxime Graf de La Roche-Mablon ist zweiunddreißig Jahre alt. Er gehört einer der ältesten Familien des Anjou an. Sein Vater ist im Ersten Kaiserreich Senator gewesen, ohne deshalb, so behauptet er, eine einzige seiner legitimistischen Überzeugungen aufgegeben zu haben. Die La Roche-Mablons haben im übrigen während der Emigration kein Stückchen Land eingebüßt und zählen zu den größten Grundbesitzern Frankreichs. Maxime hat seine Jugend genossen. Er hat freiwillig bei den päpstlichen Truppen gedient. Nach der Rückkehr nach Paris hat er Rennpferde gehalten; er hat am Spieltisch gesessen, Maitressen gehabt, sich duelliert, aber er hat sich nie richtig in Szene setzen können. Er ist ein blonder Hüne, macht gute Figur im Sattel, ist von durchschnittlicher Intelligenz, ohne ausgefallene Leidenschaften, und erwägt jetzt in den auswärtigen Dienst einzutreten, um einen Schlußpunkt zu setzen.

Der wahre Kopf der La Roche-Mablons ist eine Tante, die Baronin de Bussière, eine geschäftige alte Dame, die viel in der akademischen Welt und in politischen Kreisen herumkommt. Sobald ihr Neffe Maxime sie von seinen Plänen in Kenntnis gesetzt hat, erklärt sie, als erstes müsse er heiraten; die Ehe sei ein Grunderfordernis für jede ernstzunehmende Karriere. Maxime hat keine nennenswerten Einwände gegen eine Ehe; er hat nur nie daran gedacht. Lieber würde er Junggeselle bleiben, aber wenn er unbedingt heiraten muß, um seinen Rang in der Welt zu behaupten, dann wird er diese Formalität eben auf sich nehmen wie alle anderen. Nur gesteht er lächelnd, daß er, der keine Liebe verspürt, sein Gedächtnis noch so sehr anstrengen kann – für ihn haben alle Mädchen, mit denen er in den Salons getanzt hat, das gleiche weiße Kleid und das gleiche Lächeln. Madame de Bussière ist entzückt. Das nimmt sie schon alles in die Hand.

la noblesse

Le surlendemain, la baronne parle à Maxime de Mlle Henriette de Salneuve. Fortune considérable, ancienne noblesse de Normandie, convenances parfaites de part et d'autre. Et elle appuie sur le côté correct de cette union. On ne saurait trouver un parti satisfaisant davantage aux exigences du monde. Ce sera un de ces mariages qui n'étonnent personne. Maxime hoche la tête d'un air de complaisance. En effet, tout cela lui semble très raisonnable. Les noms se valent, les fortunes sont les mêmes à peu de chose près, les alliances se présentent comme très précieuses, s'il persiste à vouloir entrer dans la diplomatie.

– Elle est blonde, je crois, finit-il par demander.

– Non, brune, repond la baronne; c'est-à-dire que je ne sais pas trop.

D'ailleurs, peu importe. Ce qu'il y a de certain, c'est que Henriette a dix-neuf ans. Maxime croit avoir dansé avec elle, à moins pourtant que ce ne soit avec sa sœur cadette. On ne parle pas de son éducation, c'est inutile: elle a été élevée par sa mère, et cela suffit. Quant à son caractère, il ne saurait en être question, personne ne le connaît. Mme de Bussière affirme qu'elle lui a entendu jouer, un jour, une valse de Chopin avec beaucoup d'âme. Et, pour le reste, dès le soir, une rencontre doit avoir lieu dans un salon neutre.

Lorsque Maxime, le soir, aperçoit Mlle de Salneuve, il est très surpris de la trouver jolie. Il danse avec elle, la complimente sur son éventail, reçoit en remerciement un sourire. Quinze jours plus tard, la demande officielle est faite et le contrat se débat devant les notaires. Maxime a vu Henriette cinq fois. Elle est vraiment fort bien, blanche de peau, la taille ronde, et elle saura s'habiller
8 quand elle pourra jeter ses robes de jeune fille. Au demeu-
9 rant, elle paraît aimer la musique, déteste l'odeur du

Zwei Tage später berichtet die Baronin Maxime von Mademoiselle Henriette de Salneuve. Beträchtliches Vermögen, alter Adel aus der Normandie, von beiden Seiten völlig passend. Und sie betont, wie angemessen diese Verbindung wäre: undenkbar, eine Partie zu finden, die den Ansprüchen der Welt gemäßer sein könnte. Es wäre eine jener Ehen, die niemanden überraschen. Maxime nickt freundlich zustimmend. Das alles scheint ihm sehr vernünftig. Die Namen sind ebenbürtig, die Vermögen entsprechen einander annähernd, und die Verbindungen dürften sehr wertvoll werden, wenn er es wirklich mit der Diplomatie versuchen will.

«Sie ist, glaube ich, blond», erkundigt er sich schließlich.

«Nein, brünett», erwidert die Baronin, «das heißt, so genau weiß ich es nicht.»

So wichtig ist das ja auch nicht. Fest steht, daß Henriette neunzehn Jahre alt ist. Maxime meint, einmal mit ihr getanzt zu haben, wenn es nicht ihre jüngere Schwester war. Von ihrer Erziehung wird nicht gesprochen, weil das überflüssig wäre: sie ist bei ihrer Mutter aufgewachsen, das genügt. Über ihren Charakter kann man sich ohnehin keine Gedanken machen, weil ihn niemand kennt. Madame de Bussière versichert, sie irgendwann einmal einen Chopin-Walzer sehr seelenvoll spielen gehört zu haben. Für alles übrige soll ja heute abend eine Begegnung in einem neutralen Salon sorgen.

Als Maxime am Abend Mademoiselle de Salneuve erblickt, ist er ganz überrascht, wie hübsch sie ihm erscheint. Er tanzt mit ihr, macht ihr ein Kompliment über ihren Fächer und erntet zum Dank ein Lächeln. Zwei Wochen später ist der offizielle Antrag gemacht, und die Notare verhandeln über den Vertrag. Maxime hat Henriette fünfmal besucht. Sie sieht wirklich sehr gut aus mit ihrer weißen Haut und ihrer etwas üppigen Figur, und sie wird sich geschmackvoll anzuziehen wissen, wenn sie ihre Jungmädchenkleider ablegen darf. Außerdem hat sie offenbar eine musikalische Ader, findet Moschusgeruch scheußlich und hatte früher

musc, a eu une amie qui s'appelait Claire et qui est morte. C'est tout. Maxime, d'ailleurs, trouve que c'est assez: elle est une Salneuve, il la prend des mains d'une mère rigide. Plus tard, ils auront le temps de se connaître. En attendant, il pense à elle sans déplaisir. Il n'est pas positivement amoureux, mais il n'est point fâché qu'elle soit agréable, parce que, si elle s'était rencontrée laide, il l'aurait évidemment épousée tout de même.

Huit jours avant le mariage, le jeune comte règle sa vie de garçon. Il est alors avec la grande Antonia, une ancienne écuyère qui est revenue du Brésil couverte de diamants. Il renouvelle son mobilier et rompt avec elle en toute amitié, après un souper où l'on boit à son bonheur conjugal. Il paie son valet de chambre, brûle des lettres inutiles, fait ouvrir les fenêtres pour que son hôtel prenne l'air. Et il est prêt. Pourtant, tout au fond de lui, il y a des heures de sa vie qu'il garde et sur lesquelles il croit suffisant d'avoir fermé à jamais les portes de son cœur.

Les notaires des deux familles ont rédigé le contrat. Toute cette basse besogne de l'argent leur a été livrée. En somme, rien de plus simple, les apports des époux sont connus, le mariage doit avoir lieu sous le régime dotal. Pendant la lecture du contrat, les deux familles demeurent muettes; puis, on signe, sans une observation, en se passant la plume avec des sourires.

Et l'on parle d'autre chose, d'une fête de charité dont la baronne a eu l'idée, d'un sermon dans lequel le père Dulac a montré vraiment bien du talent.

Le mariage civil a eu lieu un lundi, un jour où l'on ne marie pas d'ordinaire à la mairie. La mariée a une robe de soie grise, très simple; le marié est en redingote et en pantalon clair. Pas une invitation n'a été faite, il n'y a

eine Freundin, die Claire hieß und gestorben ist. Das ist alles. Maxime findet ohnehin, daß es genügt: sie ist eine Salneuve, und er empfängt sie aus den Händen einer sittenstrengen Mutter. Zum Kennenlernen haben sie später Zeit. Vorläufig ist ihm der Gedanke an sie nicht unangenehm. Nicht, daß er eigentlich verliebt wäre, aber er hat nichts dagegen, daß sie erfreulich anzusehen ist, denn wenn sie zufällig häßlich gewesen wäre, hätte er sie natürlich trotzdem geheiratet.

Acht Tage vor der Hochzeit schließt der junge Graf mit seinem Junggesellendasein ab. Er lebt derzeit mit der großen Antonia, einer ehemaligen Zirkusreiterin, die mit Diamanten behangen aus Brasilien zurückgekehrt ist. Er kauft ihr eine neue Einrichtung und trennt sich von ihr in aller Freundschaft nach einem Abendessen, bei dem sie auf sein Eheglück anstoßen. Er lohnt seinen Kammerdiener ab, verbrennt überflüssige Briefe und läßt die Fenster öffnen, damit sein Haus durchlüftet. Er ist bereit. Immerhin behält er im tiefsten Innern ein paar Stunden seines Lebens; er empfindet es als ausreichend, sie ein für allemal hinter den Türen seines Herzens eingeschlossen zu haben.

Die Notare der beiden Familien haben den Vertrag aufgesetzt. Die ganzen lästigen Geldangelegenheiten sind ihnen überlassen worden. Sie sind ja auch denkbar einfach: das eingebrachte Gut der Ehegatten ist bekannt, im übrigen gilt Gütertrennung bei Verwaltung des Vermögens der Ehefrau durch den Ehemann. Bei der Verlesung des Vertrages sitzen beide Familien stumm da; dann wird kommentarlos unterschrieben, wobei man sich die Feder lächelnd weiterreicht. Gesprochen wird von anderem: von einem Wohltätigkeitsfest, das die Baronin sich hat einfallen lassen, und von einer Predigt, in der sich Pater Dulac wirklich als sehr talentiert erwiesen hat.

Die standesamtliche Trauung hat an einem Montag stattgefunden, einem Tag, an dem im Rathaus für gewöhnlich nicht getraut wird. Die Braut trägt ein ganz schlichtes graues Seidenkleid, der Bräutigam Gehrock und helle Hose. Man hat nieman-

là que la famille et les quatre témoins, des personnages considérables. Pendant que le maire lit les articles du Code, les regards de Maxime et d'Henriette se rencontrent, et ils se sourient. Quelle langue barbare cette langue de la loi! Est-ce que vraiment le mariage est une chose si terrible que cela? Ils disent, l'un après l'autre, le «oui» solennel, sans la moindre émotion, le maire étant un petit homme presque bossu, dont la chétive personne manque de majesté. La baronne, en toilette sombre, regarde la salle avec un binocle, trouve que la loi est logée bien pauvrement. En quittant la mairie, Maxime et Henriette laissent chacun mille francs pour les pauvres.

Mais toute la pompe, toutes les larmes d'attendrissement sont réservées pour la cérémonie religieuse. Afin de n'être pas confondu avec les noces vulgaires, on a choisi une église privée, la petite chapelle des Missions. Cela donne tout de suite au mariage un parfum de piété supérieure. C'est Mgr Félibien, un évêque du midi, quelque peu parent des Salneuve, qui doit bénir l'union. Le grand jour arrive, la chapelle se trouve trop petite; trois rues voisines sont barrées par les équipages; à l'intérieur, dans le demi-jour des vitraux, c'est un froissement d'étoffes riches, un murmure discret de voix. On a mis des tapis partout. Il y a cinq rangées de fauteuils devant l'autel. Toute la noblesse de France est là chez elle, avec son Dieu. Cependant, Maxime, en habit irréprochable, paraît un peu pâle. Henriette arrive, toute blanche dans un nuage de tulle; elle aussi est très émue, elle a les yeux rouges, elle a pleuré. Quand Mgr Félibien étend les mains sur leurs têtes, tous deux restent courbés quelques secondes, avec une ferveur qui produit la meilleure impression. Puis, l'évêque parle des devoirs
12 des époux d'une voix chantante. Et la famille essuie des
13 larmes, Mme de Bussière surtout, qui a été très malheu-

den eingeladen; außer den vier Trauzeugen, angesehenen Persönlichkeiten, ist nur die Familie anwesend. Während der Bürgermeister die Gesetzesparagraphen verliest, begegnen die Blicke von Maxime und Henriette einander. Sie lächeln sich zu. Barbarisch, diese Rechtssprache! Ist die Ehe denn wirklich eine so schreckliche Sache? Nacheinander sprechen sie das feierliche «Ja», in keiner Weise bewegt: der Bürgermeister ist ein kleiner, fast buckliger Mann, dessen schmächtige Gestalt alles andere als ehrfurchtgebietend ist. Die Baronin in dunkler Toilette betrachtet den Saal durch ein Lorgnon und findet, daß das Gesetz ziemlich ärmlich untergebracht ist. Beim Verlassen des Rathauses spenden Maxime und Henriette je tausend Francs für die Armen.

Aller Prunk, alle Tränen der Rührung bleiben der kirchlichen Zeremonie vorbehalten. Um jede Verwechslung mit einer gewöhnlichen Trauung auszuschließen, hat man sich nicht für eine Pfarrkirche entschieden, sondern für die kleine Chapelle des Missions. Das gibt der Ehe gleich einen Hauch höherer Frömmigkeit. Monsignore Félibien, ein Bischof aus Südfrankreich, der mit den Salneuve entfernt verwandt ist, wird das Paar trauen. Als der große Tag gekommen ist, erweist sich die Kapelle als zu klein. Drei angrenzende Straßen sind mit den Equipagen verstopft; drinnen, im Halbdunkel der Kirchenfenster, mischen sich das Rascheln von kostbaren Stoffen und diskretes Geflüster. Alles ist mit Teppichen ausgelegt. Vor dem Altar stehen Sessel in fünf Reihen. Der ganze Adel Frankreichs ist mit seinem Gott unter sich. Maxime in untadeligem Frack ist doch ein wenig blaß. Henriette trifft ein, schneeweiß in einer Wolke von Tüll; auch sie ist sehr ergriffen, ihre Augen sind gerötet, sie hat geweint. Als Monsignore Félibien die Hände über ihre Köpfe ausbreitet, bleiben beide ein paar Sekunden lang tief geneigt. Diese betonte Frömmigkeit macht den denkbar besten Eindruck. Dann spricht der Bischof mit psalmodierender Stimme von den Pflichten der Eheleute, und die Verwandtschaft wischt sich verstohlen Tränen ab, vor allem Madame de Bussière, die eine sehr unglückliche

reuse en ménage. La cérémonie s'achève, au milieu des odeurs d'encens, dans la magnificence des cierges allumés. Ce n'est point un luxe bourgeois, mais une distinction suprême, raffinant la religion pour l'usage des gens bien nés. Jusqu'aux dernières poignées de main échangées, après la signature des pièces, l'église reste un salon.

Le soir, on dîne en famille, portes et fenêtres closes. Et brusquement, vers minuit, lorsque Henriette grelotte dans son lit d'épouse, la face tournée vers le mur, elle sent Maxime qui lui pose un baiser sur les cheveux. Il est entré, derrière les parents, sans faire de bruit. Elle jette un cri, le supplie de la laisser seule. Lui, sourit, la traite en enfant qu'on cherche à rassurer. Il est trop galant homme pour ne pas mettre d'abord tous les ménagements possibles. Mais il connaît les femmes, il sait de quelle façon on doit procéder avec elles. Il reste donc là, à lui baiser les mains, avec des caresses de parole. Elle n'a rien à craindre, n'est-il pas son mari, ne doit-il pas veiller sur sa chère existence? Puis, comme elle s'effare de plus en plus et se met à sangloter en appelant sa mère, il croit devoir brusquer un peu les choses, pour éviter que la situation ne tourne au ridicule. D'ailleurs, il demeure homme du monde, déplace la lampe, se souvient fort à propos de la façon dont il a débuté avec la petite Laurence, des Folies, qui ne voulait pas de lui, à la suite d'un souper. Henriette est beaucoup mieux élevée que Laurence, elle ne l'égratigne pas, ne lui lance pas de coups de pied. C'est à peine si elle se débat dans un frisson de peur; et elle lui appartient pleurante, fiévreuse, n'osant plus ouvrir les yeux. Toute la nuit, elle pleure, collant sa bouche à l'oreiller pour qu'il ne l'entende pas. Cet homme allongé à côté d'elle, lui cause une répugnance
14 terrifiée. Ah! quelle horrible chose, pourquoi ne lui a-t-
15 on jamais parlé de cela? elle ne se serait pas mariée. Ce

Ehe hinter sich hat. Im Duft des Weihrauchs und der Pracht der brennenden Kerzen geht die Zeremonie zu Ende. Kein bürgerlicher Luxus, sondern etwas höchst Distinguiertes, eine Verfeinerung der Religion für die Verwendung durch Leute von hoher Geburt. Bis zum Austausch des letzten Händedruckes nach der Unterzeichnung der Schriftstücke bleibt die Kirche ein Salon.

Am Abend speist man im Familienkreise bei geschlossenen Türen und Fenstern. Und gegen Mitternacht, als Henriette, das Gesicht zur Wand, als Ehefrau fröstelnd in ihrem Bett liegt, spürt sie, wie Maxime sie aufs Haar küßt. Er ist nach ihren Eltern leise hereingekommen. Sie stößt einen Schrei aus und fleht ihn an, sie allein zu lassen. Er lächelt, behandelt sie wie ein Kind, das man beruhigen möchte. Er ist zu galant, als daß er nicht zunächst alle erdenkliche Rücksicht walten ließe. Aber er kennt die Frauen, er weiß, wie man mit ihnen umgehen muß. Also bleibt er da und küßt ihr mit Koseworten die Hände. Sie braucht wirklich keine Angst zu haben, er ist doch ihr Mann, wie sollte er nicht über das geliebte Wesen wachen? Doch als sie immer verstörter wird und schließlich schluchzend nach ihrer Mutter ruft, meint er die Dinge doch etwas nachdrücklicher vorantreiben zu müssen, damit die Situation nicht ins Lächerliche gerät. Er bleibt weiterhin Mann von Welt, stellt die Lampe weiter weg und erinnert sich im richtigen Augenblick daran, wie er anfänglich mit der kleinen Laurence von den Folies-Bergère umgegangen ist, die nach einem Souper nichts von ihm wissen wollte. Henriette ist sehr viel besser erzogen als Laurence; sie kratzt ihn nicht und gibt ihm keine Fußtritte. Kaum, daß sie sich angstvoll schaudernd wehrt: schon ist sie sein, weinend, fiebrig aufgewühlt, und wagt nicht mehr, die Augen aufzumachen. Die ganze Nacht schluchzt sie, den Mund ins Kopfkissen gepreßt, damit er sie nicht hört. Dieser Mann, der da neben ihr liegt, flößt ihr Schrekken und Abscheu ein. Ach, wie ist das alles scheußlich! Warum hat man ihr das nie gesagt? Sie hätte bestimmt nicht geheiratet. Die Ehe als Vergewaltigung, ihre lange, strenge, ahnungslose

viol du mariage, sa longue jeunesse rigide et d'ignorance aboutissant à cette initiation brutale, lui apparaît comme un malheur irréparable dont elle ne se consolera pas.

Quatorze mois plus tard, monsieur n'entre plus dans la chambre de madame. Ils ont eu une lune de miel de trois semaines. La cause de la rupture a été très délicate. Maxime, habitué à la grande Antonia, a voulu faire une maîtresse d'Henriette, et celle-ci, de sens endormis encore, de nature froide, s'est refusée à certains caprices. D'autre part, ils ont découvert, dès le deuxième jour, qu'ils ne s'entendraient jamais ensemble. Maxime est d'un tempérament sanguin, violent et entêté. Henriette a une grande langueur, une tranquillité de gestes énervante, tout en montrant, pour le moins, un entêtement pareil. Aussi s'accusent-ils, l'un et l'autre, d'une méchanceté noire. Mais, comme des personnes de leur rang doivent toujours sauver les apparences, ils vivent dans des termes de grande politesse. Ils font prendre de leurs nouvelles chaque matin, se quittent le soir avec un salut cérémonieux. Ils sont plus étrangers que s'ils habitaient à des milliers de lieues, lorsqu'un salon seulement sépare leurs chambres.

Cependant Maxime s'est remis avec Antonia. Il a renoncé complètement à l'idée d'entrer dans la diplomatie. C'était sot, cette idée. Un de La Roche-Mablon n'a pas besoin d'aller se compromettre dans la politique, par ces temps de cohue démocratique. Ce qui le fait sourire parfois, quand il rencontre la baronne de Bussière, c'est de songer qu'il s'est marié d'une façon si absolument inutile. D'ailleurs, il ne regrette rien. Le titre, la fortune, tout y est. De nouveau, il fait courir, passe ses nuits au cercle, mène la haute vie d'un gentilhomme de grande
16 race.

17 Henriette s'est d'abord beaucoup ennuyée. Puis, elle

Jugend, an deren Ende diese brutale Aufklärung gestanden hat, erscheint ihr wie ein nicht wieder gutzumachendes Unglück, über das sie nie hinwegkommen wird.

Vierzehn Monate später betritt Maxime das Schlafzimmer der Gnädigen Frau nicht mehr. Drei Flitterwochen haben sie miteinander verlebt. Der Grund für die Trennung ist heikel. Maxime, der die große Antonia gewohnt war, hat aus Henriette eine Maitresse machen wollen – und sie, die kühl veranlagt ist und deren Sinnlichkeit noch nicht geweckt war, hat gewisse Wünsche nicht erfüllen mögen. Außerdem haben sie schon vom zweiten Tage an gemerkt, daß sie niemals zueinanderfinden würden. Maxime ist ein heftiger, starrköpfiger Sanguiniker. Henriette ist von schmachtender Trägheit, mit irritierend ruhigen Bewegungen, zeigt aber eine mindestens ebenso große Starrköpfigkeit. Dementsprechend werfen sie sich gegenseitig schwärzeste Böswilligkeit vor. Da aber Leute ihres Ranges unter allen Umständen das Dekorum zu wahren haben, verkehren sie außerordentlich zuvorkommend miteinander. Sie lassen sich jeden Morgen nach dem Wohlergehen des anderen erkundigen und verabschieden sich abends mit zeremoniellem Gruß. Sie sind einander fremder, als wären sie durch Tausende von Meilen getrennt, obwohl nur ein Salon zwischen ihren Schlafzimmern liegt.

Maxime hat sich inzwischen wieder mit Antonia zusammengetan. Er ist vollkommen davon abgekommen, in den auswärtigen Dienst zu treten. Die Idee war töricht. Ein La Roche-Mablon braucht sich in dieser wirren demokratischen Zeit nicht in der Politik zu kompromittieren. Lächeln muß er gelegentlich, wenn er der Baronin de Bussière begegnet und bedenkt, daß er so völlig sinnlos in den Ehestand getreten ist. Aber er bedauert es auch nicht. Name und Vermögen – alles stimmt zusammen. Er hält wieder Rennpferde, verbringt seine Nächte im Spielzirkel und führt ein Leben auf großem Fuß, wie es sich für einen Adligen aus bestem Hause gehört.

Henriette hat sich zunächst sehr gelangweilt, doch bald hat sie

a goûté vivement la liberté du mariage. Elle fait atteler dix fois par jour, court les magasins, va voir des amies, jouit du monde. Elle a tous les bénéfices d'une jeune veuve. Jusqu'ici, sa grande tranquillité de tempérament l'a sauvée des fautes graves. C'est tout au plus si elle s'est laissé baiser les doigts. Mais il y a des heures où elle se trouve bien sotte. Et elle est à discuter avec elle, posément, si elle doit prendre un amant, l'hiver prochain.

II

M. Jules Beaugrand est le fils du célèbre Beaugrand, l'avocat, le célèbre orateur de nos assemblées politiques. Antoine Beaugrand, le grand-père, était un paisible bourgeois d'Angers, d'une famille de notaire très estimée dans sa province. Lui, n'avait pas mordu au notariat, et il mangeait ses rentes tranquillement. Son fils aîné, le célèbre Beaugrand, très actif et très ambitieux au contraire, a fait une belle fortune. Quant à Jules Beaugrand, il a les grandes visées de son père, la vanité d'une haute situation, le besoin d'un luxe princier. Malheureusement, il vient d'avoir trente ans, et il commence à se sentir médiocre. D'abord, il a rêvé la députation, les succès de tribune, un portefeuille de ministre à la première catastrophe gouvernementale. Mais, dans la parlotte de jeunes avocats où il s'est essayé à l'éloquence, il s'est découvert un bredouillement de langue intolérable, une paresse d'idées et de mots qui lui interdisent absolument les triomphes politiques. Il a ensuite un moment hésité, en réfléchissant qu'il devrait peut-être entrer dans l'industrie. Les études spéciales lui ont fait peur.
18 Et, en fin de compte, il s'est décidé tout simplement
19 pour une étude d'avoué. Son père qui était très embar-

die Freiheit des Ehestandes voll ausgekostet. Sie läßt zehnmal am Tage anspannen, macht die Läden unsicher, besucht ihre Freundinnen und genießt die große Welt. Sie erfreut sich aller Vorteile einer jungen Witwe. Bislang hat ihr außerordentlich ruhiges Naturell sie vor schweren Verfehlungen bewahrt. Allenfalls hat sie einen Kuß auf die Fingerspitzen zugelassen. Aber zu manchen Stunden findet sie sich doch recht kindisch. Jetzt geht sie gerade in aller Ruhe mit sich zu Rate, ob sie sich nicht im Winter einen Liebhaber zulegen soll.

II

Monsieur Jules Beaugrand ist der Sohn des bekannten Rechtsanwalts Beaugrand, des berühmten Redners in unseren politischen Gremien. Antoine Beaugrand, der Großvater, war noch ein harmloser Bürger in Angers und stammte aus einer in seiner Provinz sehr angesehenen Notarsfamilie, hatte sich aber selber nicht als Notar versucht, sondern verzehrte friedlich die Erträge seiner Rentenpapiere. Jules Beaugrand hat den erhabenen Weitblick seines Vaters, den eitlen Wunsch nach einer hohen Stellung und das Bedürfnis fürstlichen Wohllebens. Leider ist er nun schon dreißig Jahre alt geworden und empfindet sein Leben als Durchschnittsexistenz. Früher hat er von einer Rolle als Abgeordneter geträumt, von Erfolgen auf der Rednertribüne, von einem Ministeramt bei der erstbesten schweren Regierungskrise. Aber im geschwätzigen Kreise der jungen Rechtsanwälte, wo er es mit der Redekunst versucht hat, ist ihm klar geworden, daß er unerträglich stammelt und im Finden von Gedanken und Worten so schwerfällig ist, daß ein Erfolg in der Politik für ihn völlig undenkbar bleiben muß. Daraufhin hat er eine Zeitlang gezögert und bedacht, ob er es in der Industrie versuchen sollte. Abgeschreckt hat ihn das dafür erforderliche Fachstudium. Endlich hat er sich ganz einfach für eine Kanzlei als Formalienanwalt, als «Avoué» entschieden. Sein Vater, der sich Sorgen machte, was

rassé de sa personne lui a acheté fort cher une des meilleures études, dont le dernier titulaire a gagné une couple de millions.

Depuis six mois, Jules est donc avoué. L'étude est installée dans un appartement sombre de la rue Sainte-Anne. Mais il habite un hôtel de la rue d'Amsterdam, passe ses soirées dans le monde, collectionne des tableaux, affecte d'être avoué le moins possible. Cependant, il trouve la fortune lente. Il manque, autour de lui, un élargissement de luxe, un dîner chaque semaine, par exemple, offert à des personnages considérables, ou encore son salon ouvert le mardi soir, réunissant les amis politiques de son père. Même, il se persuade qu'un train plus grand, des réceptions, cinq chevaux dans son écurie, enfin, un agrandissement de toute sa maison, serait une chose excellente qui doublerait sa clientèle.

– Marie-toi, lui dit son père, auquel il demande conseil. Une femme mettra chez toi du bruit, de l'éclat... Prends-la riche, parce qu'une femme, dans ces conditions, coûte très cher. Tiens, Mlle Desvignes, la fille du manufacturier... Elle a un million de dot. C'est ton affaire.

Jules ne se presse pas, mûrit l'idée. Sans doute un mariage assoirait sa position; mais c'est une affaire grave, qu'il ne faut pas conclure à la légère. Il pèse donc les fortunes autour de lui. Son père, avec son coup d'œil supérieur, avait raison: c'est encore Mlle Marguerite Desvignes qui est le parti le plus solide. Alors, il prend des renseignements précis sur la prospérité de l'usine Desvignes. Il fait même causer habilement le notaire de la famille. Le père donne, en effet, un million: peut-être irait-il jusqu'à douze cent mille francs. Si le père donne douze cent mille francs, Jules est décidé:
20 il épouse.

21 Pendant près de trois mois, l'opération est savamment

er mit ihm anfangen sollte, hat ihm für viel Geld eine der besten Kanzleien gekauft, deren letzter Inhaber zwei Millionen herausgewirtschaftet hat.

So ist Jules seit einem halben Jahr Avoué. Die Kanzlei ist in einer düsteren Etage in der Rue Sainte-Anne untergebracht. Doch er bewohnt ein schönes Haus in der Rue d'Amsterdam, verbringt die Abende in besten Kreisen, sammelt Gemälde und legt Wert darauf, so wenig wie möglich als Avoué zu erscheinen. Dennoch meint er, der große Erfolg komme reichlich langsam. Gesteigerter Luxus sollte ihn umgeben, zum Beispiel jede Woche ein Abendessen, das er für bedeutende Persönlichkeiten gäbe, oder ein offener Salon am Dienstagabend für die politischen Freunde seines Vaters. Er redet sich sogar ein, daß ein größerer Aufwand, Empfänge, fünf Pferde im eigenen Stall, kurz, daß ein eindrucksvollerer Zuschnitt seines ganzen Lebensstils vorzüglich geeignet wäre, seine Klientel zu verdoppeln.

«Heirate», erklärt sein Vater, den er um Rat angeht. «Eine Frau bringt dir Leben und Glanz ins Haus ... Nimm ein reiches Mädchen, denn unter solchen Umständen kostet eine Frau viel Geld. Mademoiselle Desvignes wäre etwas, die Tochter des Fabrikanten ... Sie hat eine Million Mitgift. Die wäre genau richtig für dich.»

Jules überstürzt nichts, läßt den Gedanken reifen. Gewiß, eine Heirat würde seine Stellung festigen; aber die Sache ist zu wichtig, man darf sich nicht leichtfertig darauf einlassen. Er vergleicht also die Vermögen in seinem Bekanntenkreis. Der Vater mit seinem großartigen Blick hat recht gehabt: Mademoiselle Marguerite Desvignes ist letzten Endes die gediegenste Partie. Er holt also genaue Auskünfte über die Geschäftslage der Desvignes-Fabrik ein, bringt sogar geschickt den Notar der Familie zum Reden. Der Vater gibt tatsächlich eine Million; vielleicht würde er bis zu zwölfhunderttausend Francs gehen. Wenn der Vater zwölfhunderttausend Francs gibt, ist Jules entschlossen: er heiratet.

Drei Monate lang wird die Sache mit Geschick betrieben. Der

menée. Le célèbre Beaugrand joue un rôle décisif. C'est lui qui rentre en relation avec Desvignes, un de ses anciens collègues à la Constituante, et qui, peu à peu, l'éblouit, le pousse à offrir sa fille, avec les douze cent mille francs.

– Je le tiens! dit-il en riant à Jules. Maintenant, tu peux faire ta cour.

Jules a connu autrefois Marguerite, quand elle était enfant: les deux familles passaient l'été à la campagne, du côté de Fontainebleau, et voisinaient. Marguerite a déjà vingt-cinq ans. Mais, bon Dieu! qu'il la trouve enlaidie lorsqu'il la revoit. Elle n'a jamais été belle, sans doute; elle était autrefois noire comme une jeune taupe; seulement, elle est devenue presque bossue et elle a un œil plus grand que l'autre. Au demeurant, la plus aimable fille du monde, très spirituelle, dit-on, et d'une exigence extraordinaire sur les qualités qu'elle exige d'un homme; elle a refusé les plus beaux partis, ce qui explique comment elle est restée fille si tard, avec son million. Lorsque Jules la quitte, après la première rencontre, il la déclare tout à fait bien; elle s'habille à ravir, parle de tout avec un aplomb superbe, paraît femme à tenir supérieurement un salon, en Parisienne à qui sa laideur donne, simplement, une pointe d'originalité. Puis, en vérité, une fille de douze cent mille francs peut se permettre d'être laide.

Les choses sont, dès lors, conduites fort rondement. Les fiancés ne sont pas gens à s'attarder aux bagatelles de la porte. L'un et l'autre savent parfaitement quel marché ils concluent. D'un sourire, ils se sont compris. Marguerite a été élevée dans un pensionnat aristocratique; elle avait perdu sa mère à sept ans, et son père n'a pu
22 veiller sur son éducation. Elle est donc restée en pension
23 jusqu'à dix-sept ans, apprenant tout ce qu'une jeune

berühmte Beaugrand spielt dabei eine entscheidende Rolle. Er setzt sich mit Desvignes, einem ehemaligen Kollegen aus der Gesetzgebenden Versammlung, in Verbindung; nach und nach wickelt er ihn ein und bringt ihn dazu, seine Tochter mitsamt den zwölfhunderttausend Francs anzubieten.

«Ich habe ihn fest!» sagt er lachend zu Jules. «Jetzt kannst du ihr den Hof machen.»

Jules hat Marguerite einmal gesehen, als sie noch ein Kind war: beide Familien verbrachten den Sommer bei Fontainebleau auf dem Land und verkehrten als Nachbarn. Jetzt ist sie schon fünfundzwanzig Jahre alt. Gütiger Gott, wie häßlich kommt sie ihm vor, als er sie wiedersieht! Gewiß, eine Schönheit ist sie nie gewesen; früher war sie schwarz wie ein junger Maulwurf. Aber jetzt hat sie beinahe einen Buckel, und ihr eines Auge ist größer als das andere. Ansonsten ist sie eine äußerst liebenswürdige Person; man sagt ihr nach, sie sei sehr geistreich und ungemein anspruchsvoll hinsichtlich der Qualitäten, die sie von einem Mann erwartet. Sie hat die besten Partien ausgeschlagen, was auch erklärt, warum sie trotz ihrer Million so lange unverheiratet geblieben ist. Als Jules sie nach der ersten Begegnung verläßt, erklärt er, sie sei genau die Richtige. Sie kleidet sich hinreißend, spricht mit hochmütigem Nachdruck über jeden Gegenstand, scheint ganz die Frau zu sein, die – als echte Pariserin, der gerade ihre Häßlichkeit das Tüpfelchen Originalität gibt – souverän einen Salon zu halten verstehen wird. Außerdem ist es ja doch wohl so, daß ein Mädchen mit zwölfhunderttausend Franken es sich erlauben kann, häßlich zu sein.

Jetzt werden die Dinge zielstrebig vorangetrieben. Die Brautleute sind nicht so geartet, daß sie sich lange bei den Präliminarien aufhalten. Beide wissen sehr genau, was für ein Geschäft sie da abschließen. Mit einem Lächeln haben sie sich verstanden. Marguerite ist in einem adeligen Pensionat aufgewachsen; mit sieben Jahren hatte sie ihre Mutter verloren, und ihr Vater konnte sich nicht um ihre Erziehung kümmern. So ist sie im

fille riche ne peut ignorer, la musique, la danse, les belles manières, même un peu de grammaire, d'histoire et d'arithmétique. Mais son éducation s'est faite surtout en compagnie de ses camarades, des petites personnes venues de tous les beaux quartiers de Paris. Dans ce monde étroit, que était l'image en raccourci du vaste monde, entre les quatre murs du jardin où elle a grandi, elle a su, dès quatorze ans, les douceurs de la fortune, l'esprit pratique du siècle, la puissance de la femme, tout ce qui fait notre civilisation avancée. Si elle hésite sur une question d'économie domestique, elle distingue d'un coup d'œil tous les points de dentelle imaginables, parle des modes en grande couturière, connaît les actrices par leurs petits noms, parie aux courses et juge les chevaux avec des mots techniques. Et elle sait encore autre chose, en toute honnêteté, d'ailleurs, car elle a mené la vie de garçon depuis huit ans qu'elle a quitté le pensionnat.

Jules, cependant, lui envoie chaque jour un bouquet de trois louis. Quand il va la voir, il se montre très galant. Mais la conversation tourne vite, ils en reviennent toujours à leur installation prochaine. En dehors de deux ou trois compliments d'usage, ils ne parlent guère que tapissier, carrossier, fournisseurs de toutes sortes. Marguerite s'est enfin décidée à accepter Jules, parce qu'il lui a semblé d'une médiocrité suffisante, et qu'elle s'est trop ennuyée chez son père, l'hiver dernier. Leur première promenade d'amour est d'aller visiter l'hôtel de la rue d'Amsterdam. Elle le trouve un peu petit; mais elle fera abattre deux cloisons, changera les portes de place. Puis, elle discute la couleur des ameublements, s'inquiète de savoir où sera sa chambre à coucher, descend
24 jusqu'aux écuries, dont elle se déclare satisfaite. Elle
25 revient encore deux fois à l'hôtel, pour donner elle-même

Internat geblieben, bis sie siebzehn war, und hat dort alles gelernt, was ein reiches Mädchen unbedingt mitbekommen muß: Musik, Tanz, gute Manieren, ja sogar ein wenig Grammatik, Geschichte und Rechnen. Aber ihre eigentliche Erziehung haben ihre Kameradinnen übernommen, junge Damen aus allen vornehmen Pariser Stadtteilen. In dieser engen Welt, der Reduzierung der weiten Welt auf die vier Wände des Gartens, in dem sie großgeworden ist, hat sie schon mit vierzehn Jahren die Annehmlichkeiten des Reichseins, die nüchterne Einstellung des Jahrhunderts, die Macht der Frau kennengelernt – alles, was unsere fortgeschrittene Zivilisation ausmacht. Sie mag in einer Frage der Haushaltsführung zögern, aber mit einem Blick unterscheidet sie alle erdenklichen Spitzenmuster, spricht von der Mode wie eine große Couturière, kennt die Schauspielerinnen bei ihren Kosenamen, wettet auf dem Rennplatz und beurteilt die Pferde mit fachgerechten Ausdrücken. Und sie weiß, in allen Ehren übrigens, noch mehr; denn seit sie vor sieben Jahren das Pensionat verlassen hat, führt sie ein unabhängiges Leben.

Jules schickt ihr unterdessen täglich Blumen für drei Louisdor. Wenn er sie besucht, gibt er sich sehr galant. Aber das Gesprächsthema wechselt bald; stets kommen sie auf ihre bevorstehende Einrichtung. Von zwei oder drei Standardkomplimenten abgesehen, sprechen sie fast ausschließlich vom Tapezier, vom Wagenbauer, von allen erdenklichen Lieferanten.

Marguerite hat sich letzten Endes dazu durchgerungen, Jules zu akzeptieren, weil er ihr das erforderliche Mittelmaß zu haben schien und sie sich im letzten Winter bei ihrem Vater zu sehr gelangweilt hat. Ihr erster Spaziergang führt die Liebesleute in das Haus in der Rue d'Amsterdam. Sie findet es etwas eng, aber sie wird zwei Zwischenwände herausreißen und die Türen verlegen lassen. Dann kritisiert sie die Farbe der Möbel, möchte wissen, wo ihr Schlafzimmer sein wird, geht sogar in die Stallungen hinunter, über die sie sich befriedigt äußert. Sie besucht das Haus noch zweimal,

des ordres à l'architecte. Jules est ravi, il a trouvé la femme qu'il lui fallait.

Huit jours avant la cérémonie, les deux familles sont sur les dents. Le célèbre Beaugrand et le vieux Desvignes ont eu déjà trois conférences avec les notaires. Ils surveillent les moindres clauses, en hommes méfiants, sans illusion sur la probité humaine. Jules, de son côté, se donne un mal inouï pour la corbeille. Marguerite, contre les convenances, avec un sourire d'enfant gâté, lui a demandé de choisir elle-même les bijoux et les dentelles. Et ils sont partis, accompagnés seulement d'une parente pauvre, battant les magasins, estimant les diamants et les valenciennes du matin au soir. Cela les amuse, d'ailleurs. Ils ne vont point, comme les amoureux naïfs, les mains enlacées, le long des haies; ils se sourient, assis devant les comptoirs de bijoutiers, se passant les bagues et les broches, les doigts refroidis par les pierres précieuses.

Enfin, on a signé le contrat. Pendant la lecture, une dernière discussion s'est élevée entre le célèbre Beaugrand et Desvignes. Mais Jules est intervenu, tandis que Marguerite écoutait, avec de grands yeux attentifs, toute prête à défendre d'un mot ses intérêts, si elle les voyait compromis. Le contrat est très compliqué: il laisse la moitié de la dot à la disposition du mari, et constitue, avec l'autre moitié, un bien inaliénable dont la rente entrera dans la communauté, à la condition toutefois qu'une somme de douze mille francs par an sera accordée à la femme pour sa toilette. Le célèbre Beaugrand qui est l'auteur de ce chef-d'œuvre est enchanté d'avoir «roulé» son vieil ami Desvignes.

A la mairie, on invite au plus dix personnes. Le maire
26 est un cousin de Jules; il reprend son sérieux pour lire
27 le Code, mais, dès qu'il a posé le livre, il se hâte de rede-

um selber dem Architekten Anweisungen zu geben. Jules ist begeistert, er hat die Frau gefunden, die ihm gefehlt hat.

Acht Tage vor der Feier sind beide Familien in heller Aufregung. Der berühmte Beaugrand und der alte Desvignes haben bereits drei Besprechungen mit den Notaren gehabt. Als mißtrauische Männer, die sich keine Illusionen über die Anständigkeit der Menschen machen, prüfen sie auch die kleinste Bestimmung nach. Jules wiederum gibt sich unerhörte Mühe mit den Brautgeschenken. Gegen alle Üblichkeit hat Marguerite mit dem Lächeln eines verwöhnten Kindes gebeten, die Juwelen und Spitzen selber aussuchen zu dürfen. Und schon sind sie losgezogen, nur von einer verarmten Verwandten begleitet. Alle Läden klappern sie ab und betrachten mit Kennermiene von morgens bis abends Brillanten und Valenciennes-Spitzen. Das macht ihnen sogar Spaß. Sie gehen nicht wie törichte Liebesleute Hand in Hand die Hecken entlang; sie lächeln sich auf den Stühlen vor den Ladentischen der Juweliere an und reichen sich Ringe und Broschen zu, mit Händen, die vom Anfassen der edlen Steine kühl sind.

Endlich ist der Vertrag unterschrieben. Während der Verlesung hat es noch eine letzte Auseinandersetzung zwischen dem berühmten Beaugrand und Desvignes gegeben. Aber Jules hat sich ins Mittel gelegt, während Marguerite mit weit geöffneten Augen aufmerksam zugehört hat, jederzeit bereit, mit einem Wort ihre Interessen zu wahren, falls sie ihr gefährdet erscheinen sollten. Der Vertrag ist sehr kompliziert. Er überläßt die Hälfte der Mitgift dem Ehemann und erklärt die andere Hälfte zum Vorbehaltsgut, dessen Erträgnisse der Gemeinschaft zufallen, allerdings unter der Bedingung, daß ein Betrag von zwölftausend Francs der Ehefrau als jährliches Nadelgeld verabfolgt wird. Der berühmte Beaugrand, der Verfasser dieses Meisterwerks, ist entzückt, seinen alten Freund Desvignes «hereingelegt» zu haben.

Ins Rathaus werden höchstens zehn Personen eingeladen. Der Bürgermeister ist ein Vetter von Jules. Er gibt sich ernst, während er aus dem Gesetzbuch vorliest, aber kaum hat er den Band

venir homme du monde, il complimente les dames, il tient à présenter lui-même la plume aux témoins, parmi lesquels il y a deux sénateurs, un ministre et un général. Marguerite a dit le «oui» sacramentel d'une voix un peu forte, l'air sérieux, car alle connaît la loi. Tous les assistants restent graves, comme s'ils aidaient de leur présence à la conclusion d'une affaire remuant de gros capitaux. Chaque époux laisse quinze cents francs pour les pauvres. Et le soir, il y a, chez Desvignes, un dîner auquel on a invité les témoins; seul, le ministre n'a pas pu venir, ce qui a vivement contrarié les deux familles.

Le mariage religieux a eu lieu à la Madeleine. Trois jours auparavant, Jules et son père sont allés s'entendre pour les prix. Ils ont voulu tout le luxe possible et ont débattu certains chiffres: tant pour la messe au maître-autel, tant pour les orgues, tant pour les tapis. Il est convenu qu'un tapis descendra les vingt marches, et viendra jusqu'au trottoir; il est entendu également que les orgues salueront d'une marche triomphale l'entrée du cortège; c'est cinquante francs de plus, mais cela est d'un grand effet. On a lancé un millier d'invitations. Quand les voitures arrivent en longue file correcte, l'église est déjà pleine de toute une foule, des hommes en habit, des femmes en grande toilette. Par un miracle de coquetterie, Marguerite n'est presque plus laide, sous son voile blanc et sa couronne de fleurs d'oranger. Jules est tout gonflé de son importance, en voyant qu'il a dérangé tant de monde. Cependant, les orgues grondent, les chantres ont des voix de cuivre, la cérémonie dure près d'une heure et demie, sous la majesté des voûtes. C'est fort beau. Puis, dans la sacristie, commence un défilé interminable. Les connaissances, les invités,
28 jusqu'à des inconnus, entrent par une porte, et sortent
29 par une autre, après avoir serré les mains des époux et

niedergelegt, wird er wieder der Mann von Welt, zeigt sich den Damen gegenüber als Kavalier und reicht den Zeugen – unter ihnen sind zwei Senatoren, ein Minister und ein General – beflissen selber die Feder. Marguerite hat das feierliche «Ja» ein wenig laut, mit ernstem Gesicht gesprochen, denn sie kennt das Gesetz. Alle Anwesenden benehmen sich würdevoll, als sorgten sie mit ihrer Gegenwart für den Abschluß eines Geschäfts, bei dem es um erhebliche Kapitalien geht. Jeder Ehegatte hinterläßt fünfzehnhundert Francs für die Armen. Und abends wird dann bei den Desvignes ein Essen gegeben, zu dem die Zeugen eingeladen sind. Nur der Minister hat nicht kommen können, was beide Familien arg verstimmt hat.

Die kirchliche Trauung findet in der Madeleine statt. Drei Tage vorher haben Jules und sein Vater an Ort und Stelle die Preise vereinbart. Sie haben alle erdenkliche Pracht gewünscht und einige Zahlen ausgehandelt: so viel für die Messe am Hauptaltar, so viel für die Orgel, so viel für die Teppiche. Es ist festgelegt worden, daß ein Teppich die zwanzig Stufen hinunter und bis zum Bürgersteig reichen soll. Ferner ist vereinbart, daß die Orgel das einziehende Brautpaar mit einem Triumphmarsch begrüßen wird; das kostet zwar fünfzig Francs mehr, macht aber viel her. An die tausend Einladungen sind verschickt worden. Als die Wagen in langer, ordentlicher Reihe eintreffen, ist die Kirche schon gefüllt mit einer kompakten Menge von Männern im Frack und Frauen in großer Toilette. Bei Marguerite haben die Verschönerungskünste Wunder gewirkt – sie ist eigentlich gar nicht mehr häßlich unter ihrem weißen Schleier und ihrem Orangenblütenkränzchen. Jules bläht sich im Gefühl seiner Bedeutung, als er sieht, daß er so viele Leute in Bewegung gesetzt hat. Und dazu dröhnt die Orgel, metallisch klingen die Stimmen der Sänger. Fast anderthalb Stunden währt die Zeremonie unter den majestätischen Gewölben. Wirklich sehr schön. Dann beginnt in der Sakristei ein nicht enden wollendes Defilee. Die Bekannten, die geladenen Gäste, aber auch Unbekannte gehen durch die eine

des deux familles. Cette formalité demande encore plus d'une heure. Il y a là beaucoup d'hommes politiques, des avocats, des avoués, de grands industriels, des artistes, des journalistes; et Jules donne une poignée de main particulièrement cordiale à un petit jeune homme pâle qu'il connaît un peu, et qui écrit dans une feuille des boulevards où il mettra peut-être une note sur le mariage.

Comme ni les Beaugrand, ni les Desvignes n'ont un salon assez vaste pour donner le repas, on mange et on danse le soir à l'Hôtel du Louvre. Le repas est médiocre. Le bal, dans la salle des fêtes de l'hôtel, a beaucoup d'éclat. A minuit, une voiture emporte les mariés rue d'Amsterdam; et ils plaisantent tout le long du chemin, au milieu de Paris noir, tandis que des ombres de femmes rôdent au coin des rues. Quand Jules entre dans la chambre nuptiale, il trouve Marguerite qui l'attend tranquillement, un coude enfoncé dans l'oreiller. Elle est un peu pâle, avec un sourire gêné, rien de plus. Et le mariage se consomme tout naturellement, comme une chose dès longtemps attendue.

Voici deux ans que les Beaugrand sont mariés. Ils n'ont pas rompu, mais ils s'oublient depuis six mois. Quand Jules est repris d'un caprice pour sa femme, il doit lui faire la cour toute une semaine, avant d'être admis dans sa chambre; le plus souvent, pour économiser son temps qui est précieux, il va contenter son caprice ailleurs. Il a tant d'affaires! C'est aujourd'hui un homme très lancé; il ne se contente plus de son étude, il est de plusieurs sociétés, joue même à la Bourse. Sa joie est d'occuper Paris de lui, les journaux lui prêtent des mots d'esprit. D'ailleurs, il ne bat pas sa femme, et il n'a pu encore trouver le moyen, malgré les conseils de son père, de
30 toucher aux six cent mille francs immobilisés par le
31 contrat.

Tür herein und durch die andere hinaus, nachdem sie den Brautleuten und den beiden Familien die Hand gegeben haben. Diese Formalität kostet über eine Stunde. Viele Politiker zeigen sich, Anwälte, Avoués, Großindustrielle, Künstler, Journalisten. Einen besonders herzlichen Händedruck gibt Jules einem schmächtigen, blassen Jüngling, den er kaum kennt, der aber in einer Boulevardzeitung schreibt und vielleicht eine Notiz über die Hochzeit bringen wird.

Da weder die Beaugrands noch die Desvignes einen Salon haben, der für das Essen geräumig genug wäre, speist man im Hôtel du Louvre, wo auch am Abend getanzt wird. Die Mahlzeit ist nicht besonders gut, der Ball im Festsaal des Hotels dagegen ein prunkvolles Ereignis. Um Mitternacht bringt ein Wagen die Eheleute in die Rue d'Amsterdam; während der ganzen Fahrt scherzen sie miteinander inmitten des tiefdunklen Paris, während schemenhafte Frauen an den Straßenecken herumlungern. Als Jules ins Ehegemach tritt, blickt ihm Marguerite, einen Ellenbogen ins Kissen gestützt, gelassen entgegen. Sie ist ein wenig blaß, lächelt verlegen, aber das ist alles. Und die Ehe vollzieht sich ganz natürlich, wie etwas lang Erwartetes.

Jetzt sind die Beaugrands zwei Jahre verheiratet. Sie haben nicht miteinander gebrochen, aber seit einem halben Jahr vergessen sie einander. Wenn es Jules doch noch einmal nach seiner Frau gelüstet, muß er ihr eine volle Woche lang den Hof machen, bevor er in ihr Zimmer zugelassen wird; meistens spart er seine kostbare Zeit, indem er seine Lust anderweitig büßt. Er hat ja so viele Verpflichtungen! Er steht inzwischen sehr im Licht, gibt sich nicht mehr mit seiner Kanzlei zufrieden, gehört mehreren Gesellschaften an und spekuliert sogar an der Börse. Seine ganze Freude ist, daß Paris ihn zur Kenntnis nimmt und die Zeitungen ihm geistreiche Äußerungen in den Mund legen. Er schlägt seine Frau auch nicht etwa und hat es trotz der Ratschläge seines Vaters auch noch nicht fertiggebracht, an die vertraglich blockierten sechshunderttausend Francs heranzukommen.

De son côté, Marguerite est une charmante femme. La jeune fille a tenu ses promesses. Elle a fait de l'hôtel de la rue d'Amsterdam un rendez-vous de luxe et de fêtes. Toute la prodigalité folle de Paris, les toilettes de mille écus gâchées en une soirée; les billets de banque tordus pour allumer les bougies, mettent là un éclat de richesse extraordinaire. Du matin au soir, les équipages roulent sous la voûte; et, certaines nuits, le quartier, jusqu'à l'aube, entend une musique lointaine berçant des rires adoucis de danseuses. Marguerite est toute resplendissante de sa laideur; elle s'est arrangée pour être plus désirable qu'une jolie femme; elle est mieux que belle, elle est pire, ainsi qu'elle le dit elle-même en riant. Les douze cent mille francs de sa dot flambent comme un feu de paille. Elle ruinerait son mari avant un an si elle n'était pas d'une intelligence rare. On sait qu'elle dispose seulement de mille francs par mois pour sa toilette: mais personne n'a le mauvais goût de s'étonner, en lui voyant dépenser en un mois ce qu'elle touche pour une année. Jules est enchanté, aucune femme n'aurait tenu sa maison sur un pied pareil, et il lui est sincèrement reconnaissant de tout ce qu'elle fait dans le but d'élargir le cercle de leurs relations. En ce moment, Marguerite se montre filiale pour un des sénateurs qui lui ont servi de témoins; elle se laisse baiser les épaules, derrière les portes, et se fait offrir des titres de rente dans des boîtes de pastilles.

III

Louise Bodin a dépassé la trentaine. C'est une grande
personne, ni belle, ni laide, à figure plate, dont le célibat
32 commence à couperoser les joues. Elle est fille d'un petit
33 mercier de la rue Saint-Jacques, établi depuis plus de

Aus Marguerite ist eine charmante Frau geworden, genau das, was sie als Mädchen zu werden versprach. Das Haus in der Rue d'Amsterdam hat sie zu einer Hochburg des Luxus und des Festefeierns gemacht, wo Paris seine ganze aberwitzige Verschwendungssucht austobt. Da werden an einem Abend Roben für tausend Taler vertan, Geldscheine dienen als Fidibusse zum Anzünden der Kerzen – ein funkelnder Glanz höchsten Reichtums. Vom Morgen bis zum Abend rollen die Equipagen durch das Tor, und in manchen Nächten hört das ganze Stadtviertel bis zum Morgengrauen eine ferne Musik, auf der sich das leise Lachen der Tänzerinnen wiegt. Trotz ihrer Häßlichkeit überstrahlt Marguerite alle. Sie hat es fertiggebracht, begehrenswerter zu sein als eine schöne Frau, sie ist besser als schön, weil sie schlimmer ist, erklärt sie selber lachend. Ihre zwölfhunderttausend Francs Mitgift vergehen wie ein Strohfeuer. Sie würde ihren Mann in weniger als einem Jahr ruiniert haben, wenn sie nicht so ausnehmend gescheit wäre. Man weiß, daß sie nur tausend Francs Nadelgeld im Monat hat, aber niemand ist so taktlos, Erstaunen zu zeigen, wenn er sieht, wie sie in einem Monat ausgibt, was sie für das ganze Jahr bekommt. Jules ist entzückt. Keine Frau hätte ihm sein Haus auf solchem Fuße geführt, und er ist ihr aufrichtig dankbar für alles, was sie tut, um den gemeinsamen Bekanntenkreis zu erweitern. Im Augenblick erweist Marguerite einem der Senatoren, die den beiden als Trauzeugen gedient haben, ihre töchterliche Zuneigung; sie läßt sich hinter den Türen auf die Schulter küssen und in Konfektschachteln Rentenpapiere verehren.

III

Louise Bodin hat die dreißig schon überschritten. Sie ist ein großes Mädchen, nicht hübsch und nicht häßlich, mit flachem Gesicht, dessen Wangen eine erste altjüngferliche rötliche Marmorierung zeigen. Ihr Vater ist ein kleiner Kurzwarenhändler in

vingt ans dans une boutique obscure, où il n'a pu encore mettre de côté qu'une dizaine de mille francs, et il a fallu pour cela manger de la viande deux fois par semaine au plus, porter les mêmes vêtements trois années, compter l'hiver les pelletées de charbon jetées dans le poële. Depuis vingt ans, Louise est là, derrière le comptoir, à ne voir que des fiacres éclabousser les piétons. Deux fois, elle est allée à la campagne, une fois à Vincennes, l'autre fois à Saint-Denis. Quand elle se met sur la porte, elle aperçoit, au bas de la rue, le pont sous lequel coule la rivière. D'ailleurs, elle est raisonnable, elle a grandi dans le respect du sou d'aiguilles et des deux sous de fil qu'elle vend aux ouvrières du quartier. Sa mère l'envoyait à une petite pension voisine, mais elle l'a retirée dès l'âge de douze ans, pour éviter de prendre une demoiselle de magasin. Louise sait lire et écrire, sans être ferrée sur l'orthographe; ce qu'elle sait le mieux, ce sont les quatre règles. Comme elle le dit de sa voix posée, elle est bien assez savante pour être dans le commerce.

Cependant, son père a déclaré qu'il lui donnerait deux mille francs de dot. Cette promesse s'est répandue dans le quartier, personne n'ignore que la demoiselle Bodin aura deux mille francs. Aussi, les partis n'ont-ils pas manqué. Mais Louise est une fille prudente. Elle dit très nettement qu'elle n'épousera jamais un garçon qui n'aurait rien. On ne se met pas ensemble pour se croiser les bras et se regarder le blanc des yeux. Des enfants peuvent venir; puis, on est bien content d'avoir un morceau de pain quand on est vieux. Elle veut donc un mari qui ait au moins deux mille francs, comme elle. Ils pourront prendre une petite boutique, ils gagneront
34 honorablement leur vie. Mais si les maris de deux mille
35 francs ne sont pas rares, ils ambitionnent d'ordinaire

der Rue Saint-Jacques, der seit zwanzig Jahren sein düsteres Lädchen führt, aus dem er erst zehntausend Franken Ersparnisse herausgewirtschaftet hat, und auch das nur, indem die Familie höchstens zweimal die Woche Fleisch gegessen, ihre Kleidung drei Jahre lang getragen und im Winter die Kohle schaufelweise in den Ofen gezählt hat. Seit zwanzig Jahren steht Louise hinter dem Ladentisch und sieht ab und zu eine Droschke die Fußgänger bespritzen. Zweimal ist sie im Grünen gewesen, einmal in Vincennes, einmal in Saint-Denis. Wenn sie sich in die Tür stellt, erblickt sie am Ende der Straße den Petit Pont, unter dem die Seine fließt. Sie ist ein vernünftiges Mädchen, aufgewachsen in der Achtung vor den Nadeln für fünf oder dem Faden für zehn Centimes, die sie den Arbeiterfrauen des Viertels verkauft. Ihre Mutter hat sie zunächst in ein kleines Pensionat in der Nachbarschaft geschickt, dann aber mit zwölf Jahren herausgenommen, um sich die Einstellung einer Verkäuferin zu sparen. Louise kann lesen und schreiben, ohne in der Orthographie besonders sattelfest zu sein; am besten beherrscht sie die vier Grundrechenarten. Wie sie selber in ihrer gesetzten Art erklärt, weiß sie genug, um im Geschäft durchzukommen.

Nun hat aber ihr Vater erklärt, er würde ihr zweitausend Francs Mitgift geben. Diese Zusage hat sich im Viertel herumgesprochen; niemand, der nicht wüßte, daß Mademoiselle Bodin zweitausend Francs mitbekommt, und an Bewerbern hat es nicht gefehlt. Aber Louise ist ein vorsichtiges Mädchen. Sie erklärt eindeutig, sie werde niemals einen jungen Mann heiraten, der nichts mitbringt. Man tut sich nicht zusammen, um die Hände in den Schoß zu legen und sich tief in die Augen zu schauen. Es könnten sich Kinder einstellen; außerdem ist man froh, wenn man im Alter etwas zu beißen hat. Sie will also einen Ehemann, der mindestens zweitausend Francs hat, wie sie; dann könnten sie einen kleinen Laden mieten und redlich ihren Lebensunterhalt verdienen. Nun sind zwar Ehemänner mit zweitausend Francs keine Seltenheit, doch sie sind für gewöhnlich auf Frauen aus,

des femmes qui ont le double ou le triple. C'est pour cela que Louise menace de rester vieille fille. Elle a écarté les mauvais sujets, les hommes qui venaient tourner autour d'elle, dans l'espoir de lui croquer sa dot. Elle consent bien à être épousée pour son argent, puisque l'argent, en somme, est tout dans la vie. Seulement, elle entend trouver un mari qui ait, lui aussi, le respect de l'argent.

Enfin, on parla aux Bodin d'un jeune homme très bon sujet, un ouvrier horloger, de mœurs excellentes. Il habite le voisinage avec sa mère qui vit d'une petite rente. Mme Meunier a mis de côté, par des prodiges d'économies, la somme de quinze cents francs, afin de faciliter le mariage de son fils. Alexandre Meunier, qui a un an de moins que Louise, est très timide, tout à fait convenable. Mais Louise, devant le chiffre de quinze cent francs, dit carrément qu'il est inutile de pousser les choses plus loin, elle veut deux mille francs, elle a fait tous ses calculs. Cependant, des relations s'établissent entre les deux familles, Mme Meunier en vient elle-même à souhaiter un mariage désirable pour son fils: et, quand elle apprend la somme demandée par Louise, elle approuve beaucoup cette sage résolution de la jeune fille, elle promet, en dix-huit mois, de compléter les deux mille francs. Tout, dès lors, se trouve entendu. Les familles vivent sur un pied étroit d'intimité. Les enfants, Alexandre et Louise, attendent tranquillement, en se donnant des poignées de main amicales. Chaque soir, on se réunit, et ils restent là, dans l'arrière-boutique, aux deux côtés de la table, sans une rougeur ni une impatience, à causer du quartier, de la prospérité des uns, de l'inconduite ou de la mauvaise chance des autres. En dix-huit mois, ils n'échangent pas une parole d'amour.
36 Louise trouve Alexandre très honnête, car elle lui a
37 entendu dire, un jour, qu'il n'osait pas réclamer dix

die das Doppelte oder das Dreifache haben. Deshalb besteht die Gefahr, daß Louise sitzenbleibt. Die Taugenichtse, die sich in der Hoffnung an sie herangemacht haben, ihre Mitgift zu kassieren, hat sie abgewimmelt. Sie hat nichts dagegen, wegen ihres Geldes geheiratet zu werden, denn letzten Endes ist Geld das wichtigste im Leben. Aber sie legt Wert darauf, einen Mann zu finden, der dem Geld die gleiche Achtung entgegenbringt wie sie.

Schließlich hat man den Bodins von einem hochanständigen jungen Mann erzählt, einem Uhrmachergesellen mit bestem Lebenswandel. Er wohnt mit seiner Mutter, die von einer kleinen Rente lebt, in der Nachbarschaft. Madame Meunier hat durch eine ans Wunderbare grenzende Sparsamkeit fünfzehnhundert Francs zusammengespart, um ihrem Sohn das Heiraten zu erleichtern. Alexandre Meunier, ein Jahr jünger als Louise, ist sehr schüchtern, genau der richtige. Aber angesichts der Zahl fünfzehnhundert erklärt Louise rundweg, es sei nutzlos, die Sache weiterzubetreiben. Sie besteht auf zweitausend Francs, sie hat alles durchgerechnet. Doch die beiden Familien werden miteinander bekannt, Madame Meunier wünscht sich nun selber diese erstrebenswerte Heirat für ihren Sohn. Als sie den von Louise verlangten Betrag vernimmt, lobt sie diese weise Entschlossenheit des Mädchens sehr und verspricht, in anderthalb Jahren die zweitausend Francs zusammenzubringen. Damit ist alles beschlossen.

Die Familien leben auf vertrautem Fuße. Die jungen Leute, Alexandre und Louise, warten in aller Ruhe und tauschen gelegentlich einen freundschaftlichen Händedruck. Jeden Abend treffen sie sich und sitzen einander im Zimmer hinter dem Laden am Tisch brav gegenüber, ohne zu erröten und ohne Ungeduld, und unterhalten sich über das Stadtviertel, den Erfolg der einen, den schlechten Lebenswandel oder das Pech der anderen. In achtzehn Monaten sprechen sie nicht mit einem Wort von Liebe. Louise findet Alexandre sehr anständig, denn einmal hat er ihr gegenüber erwähnt, er wage zehn Francs, die er einem Freund

francs prêtés à un ami depuis six semaines. Alexandre déclare que Louise est née pour le commerce; ce qui est, dans sa bouche, un grand compliment.

Au jour dit, comme à une échéance, Mme Meunier a les deux mille francs. Voilà un an et demi qu'elle se prive de café et qu'elle rogne des sous sur la nourriture, sur l'éclairage et le chauffage. On fixe alors la date du mariage à trois mois, pour avoir le temps de se préparer. Il est décidé qu'Alexandre s'établira horloger dans une petite boutique qu'on a découverte rue Saint-Jacques même, la boutique d'une fruitière dont le commerce a mal tourné. Et il s'agit, avant tout, de faire mettre la boutique en état. On finit par se contenter de blanchir le plafond et de lessiver les peintures, car le peintre demandait deux cents francs pour repeindre le tout à neuf.

Quant aux marchandises, elles consisteront d'abord en quelques bijoux communs et en quelques pendules d'occasion. Alexandre commencera par faire les réparations d'horlogerie dans le quartier; et, peu à peu, quand ils seront connus, avec beaucoup d'ordre, ils arriveront à avoir une des boutiques les plus belles et les mieux garnies de la rue. Tout compte fait, la boutique prête, les frais d'installation payés, il leur restera trois mille francs, avec lesquels ils pourront guetter les bons achats. Ces arrangements les occupent jusqu'à la veille du mariage.

Lorsqu'on a parlé d'un contrat, Louise a haussé les épaules et Alexandre s'est mis à rire. Un contrat coûte au moins deux cents francs. Ils mettront tout en commun, et ils auront tout par moitié, c'est bien plus naturel. Cependant, ils se sont décidés à faire proprement les choses. Alexandre, outre l'alliance, une alliance d'or de
38 quinze francs, donne à Louise une chaîne de montre.
39 La noce doit avoir lieu dans un restaurant de la banlieue,

vor sechs Wochen geliehen habe, nicht zurückzufordern. Alexandre erklärt, Louise sei die geborene Geschäftsfrau, was aus seinem Munde ein großes Kompliment ist.

Zum vereinbarten Zeitpunkt hat Madame Meunier die zweitausend Francs – wie zu einem Fälligkeitstermin. Seit anderthalb Jahren verzichtet sie auf Kaffee und spart einen Sou nach dem anderen am Essen, an Licht und Heizung. Jetzt wird das Hochzeitsdatum festgelegt, in drei Monaten, damit man Zeit hat, alles vorzubereiten. Es ist längst beschlossene Sache, daß sich Alexandre als Uhrmacher in einem kleinen Geschäft selbständig machen wird, das man gleich in der Rue Saint-Jacques gefunden hat, einem kleinen Obstladen, dessen Besitzerin keinen Erfolg gehabt hat. Zunächst ist es wichtig, den Laden herzurichten. Schließlich gibt man sich damit zufrieden, die Decke zu tünchen und die Wände abzuwaschen, denn der Maler hat zweihundert Francs für das völlige Ausmalen verlangt. Die Ware wird vorerst aus wenigen billigen Schmuckstücken und gebrauchten Standuhren bestehen. Alexandre wird vorläufig Uhrenreparaturen im Stadtviertel ausführen, und wenn sie bekanntgeworden sind, werden sie es nach und nach und ganz ordentlich in ihrer Straße zu einem der schönsten Läden mit dem reichsten Angebot gebracht haben. Rechnet man alles zusammen, so bleiben ihnen nach Fertigstellung des Ladens und allen Kosten der Einrichtung noch dreitausend Francs, mit denen sie auf günstige Einkäufe ausgehen können. Diese Zurüstungen beschäftigen sie bis zum Vorabend der Hochzeit.

Als von einem Vertrag die Rede gewesen ist, hat Louise mit den Achseln gezuckt, Alexandre nur gelacht. Ein Vertrag kostet mindestens zweihundert Francs. Sie werden alles zusammenlegen und alles zur Hälfte besitzen, das ist viel natürlicher. Immerhin haben sie beschlossen, in jeder Hinsicht die Form zu wahren. Alexandre schenkt seiner Louise außer dem Ehering, einem goldenen Reif für fünfzehn Francs, eine Uhrkette. Die Hochzeit wollen sie in einem Vorortrestaurant feiern, im «Blumenkorb» in

à Saint-Mandé, au «Panier Fleuri»; mais les Bodin ont déclaré que les frais du repas les regardaient.

Le mariage est fixé à un samedi, parce qu'on a, de cette façon, tout le dimanche pour se reposer. La noce compte cinq voitures, louées pour la journée. Alexandre s'est fait faire une redingote et un pantalon noirs. Louise a fait elle-même sa robe blanche; et c'est une tante qui lui a donné la couronne et le bouquet de fleurs d'oranger. Tous les invités, du reste, près de vingt personnes, se sont mis en frais de toilette; les dames ont des toilettes de soie roses, vertes, jaunes; les messieurs sont en redingote, un ancien marchand de meubles a même un habit. Mais les deux demoiselles d'honneur, surtout, font retourner les passants, deux grandes filles blondes en mousseline blanche, la taille serrée par de larges ceintures bleues. Et, dès onze heures du matin, le cortège s'ébranle, part pour la mairie où la noce envahit la salle des mariages. Le maire se fait attendre près de trois quarts d'heure. C'est un gros homme à l'air ennuyé, qui expédie les articles du Code en regardant continuellement l'horloge en face de lui; il doit avoir un rendez-vous d'affaires. Mme Bodin et Mme Meunier pleurent beaucoup. Les mariés répondent «oui» en adressant au maire un salut poli. Pendant ce temps, l'ancien marchand de meubles se permet des gaillardises, qui font ricaner les messieurs; Alexandre et Louise ont chacun préparé une pièce de cinq francs, pour les pauvres. Puis, la noce remonte en voiture, traverse la place et redescend devant l'église. La veille, M. Bodin et Alexandre sont venus régler la cérémonie; ils ont pris tout ce qu'il y a de plus simple, parce qu'on n'a pas besoin d'engraisser les curés; même M. Bodin, qui est libre-penseur, voulait qu'on n'allât
40 pas à l'église et, s'il a cédé, c'est par convenance. Le
41 prêtre mène vivement la messe, une messe basse à

Saint-Mandé, aber die Bodins haben erklärt, sie würden die Kosten der Mahlzeit übernehmen.

Die Hochzeit ist auf einen Samstag angesetzt, weil man dann den ganzen Sonntag zum Ausruhen hat. Der Brautzug besteht aus fünf für den ganzen Tag gemieteten Wagen. Alexandre hat sich schwarzen Gehrock und schwarze Hosen anfertigen lassen. Louise hat ihr weißes Kleid selber genäht; eine Tante hat ihr das Kränzchen und den Brautstrauß aus Orangenblüten geschenkt. Im übrigen haben sich alle Gäste ihre Kleidung etwas kosten lassen; die Damen tragen rosa, grüne und gelbe Seidenkleider, die Herren kommen im Gehrock, ein ehemaliger Möbelhändler hat sogar einen Frack. Vor allem aber drehen sich die Passanten nach den beiden Brautjungfern um, zwei großen blonden Mädchen in weißem Musselin, die Taille eng gerafft mit breitem blauen Gürtel. Schon um elf Uhr früh bricht der Zug auf, zunächst zum Rathaus, wo der Brautzug den Hochzeitssaal füllt. Der Bürgermeister läßt fast eine Dreiviertelstunde auf sich warten, ein dicker, gelangweilt wirkender Mann, der ständig auf die Uhr an der gegenüberliegenden Wand blickt, während er die Gesetzesparagraphen herunterleiert; offenbar hat er eine geschäftliche Verabredung. Madame Bodin und Madame Meunier weinen heftig. Die Brautleute antworten «Ja», indem sie sich höflich vor dem Bürgermeister verneigen. Unterdessen erlaubt sich der einstige Möbelhändler anzügliche Bemerkungen, mit denen er die Herren zum Grinsen bringt. Alexandre und Louise halten jeder ein Fünffrancsstück für die Armen bereit.

Dann steigt die Hochzeitsgesellschaft wieder in die Wagen, fährt über den Platz und steigt vor der Kirche aus. Am Tag zuvor haben Herr Bodin und Alexandre die Feierlichkeiten besprochen; sie haben die schlichteste Form gewählt, denn es besteht keine Veranlassung, die Pfarrer zu mästen. Herr Bodin als Freidenker war sogar ganz dagegen, in die Kirche zu gehen, und er hat nur aus Gründen der Schicklichkeit nachgegeben. Der Priester geht die Messe, eine stille Messe vor dem

l'autel de la Vierge. Les assistants se lèvent et se rassoient quand le bedeau leur fait un signe. Seules, les femmes ont des livres de messe, qu'elles ne lisent pas. Les mariés restent graves, avec des visages vaguement ennuyés et distraits, comme s'ils ne pensaient à rien. Enfin, quand la noce sort de l'église, tout le monde a un soupir de soulagement. C'est donc fini, on va donc pouvoir rire un peu!

Vers deux heures, les voitures arrivent à Saint-Mandé. Le dîner n'est que pour six heures. On pousse alors jusqu'au bois de Vincennes. Et, pendant trois heures, c'est une promenade endimanchée au milieu des arbres; les demoiselles d'honneur courent comme des gamines, les dames cherchent l'ombre, les messieurs allument des cigares. Comme toute la noce est rompue de fatigue, on finit par s'asseoir au milieu d'une clairière et on s'oublie là, à écouter les clairons du fort voisin, le sifflet aigu des locomotives qui passent, le grondement lointain de Paris à l'horizon.

Cependant, l'heure du repas approche, on retourne au restaurant. Le couvert est mis dans une vaste salle éclairée par dix becs de gaz, comme un café, il y a de gros bouquets artificiels dont l'usage a fané les fleurs. Et le service commence, au milieu du tapage des cuillers dans les assiettes à soupe. Puis, on s'échauffe, on plaisante, d'une extrémité de la table à l'autre. Le moment le plus gai de la soirée est celui où un jeune homme, un commis de nouveautés, se glisse sous la table et va dénouer la jarretière de la mariée, un flot de rubans dont les messieurs se partagent les brins, pour en décorer leurs boutonnières. Louise voulait qu'on lui évitât cette plaisanterie classique, mais son père lui a fait entendre que ça attristerait la noce, et elle s'est conformée à la coutume
42 avec son bon sens ordinaire. Alexandre rit très haut,
43 déborde d'une joie de brave garçon qui ne s'amuse pas

Marienaltar, forsch an. Die Anwesenden erheben und setzen sich, wenn der Mesner ihnen das Zeichen dazu gibt. Nur die Frauen haben Meßbücher, in denen sie freilich nicht lesen. Die Brautleute bleiben ernst, mit leicht abwesendem gleichmütigem Gesichtsausdruck, als dächten sie an gar nichts. Als der Brautzug aus der Kirche auszieht, atmen alle erleichtert auf. Das wäre erledigt, jetzt darf endlich gelacht werden!

Gegen zwei Uhr treffen die Wagen in Saint-Mandé ein. Das Abendessen ist erst für sechs Uhr vorgesehen. Also fährt man ein Stück weiter zum Bois de Vincennes, und es folgt ein dreistündiger Spaziergang im Sonntagsstaat unter den Bäumen. Die Brautjungfern laufen wie die Backfische, die Damen suchen den Schatten, die Herren zünden Zigarren an. Als alle Beteiligten gänzlich ermattet sind, läßt man sich schließlich auf einer Lichtung nieder, macht es sich bequem und lauscht den Signaltrompeten vom nahen Fort, dem schrillen Pfiff der vorbeifahrenden Lokomotiven, dem fernen dumpfen Getöse der Stadt Paris am Horizont.

Inzwischen ist die Zeit zum Essen gekommen, man fährt ins Restaurant zurück. Der Tisch ist in einem großen, wie ein Café von zehn Gasleuchten erhellten Saal gedeckt, die Blüten der mächtigen Kunstblumensträuße sind von langer Benutzung vergilbt. Und jetzt wird aufgetragen, inmitten des entfesselten Löffelklapperns in den Suppentellern. Bald steigt die Stimmung, Scherzworte fliegen von einem Tischende zum anderen. Der lustigste Augenblick des Abends kommt, als ein Jüngling, ein Vertreter für Modeartikel, sich unter den Tisch gleiten läßt und der Braut das Strumpfband löst, ein Gebilde aus vielen Bändern, in die sich die Herren teilen, um ihr Knopfloch damit zu schmücken. Louise hatte gebeten, daß ihr dieser lustige Brauch erspart bliebe, aber ihr Vater hat ihr klargemacht, das wirke ernüchternd auf die Hochzeitsgäste, und mit ihrem gesunden Menschenverstand hat sie wie üblich nachgegeben. Alexandre lacht sehr laut, zeigt die überströmende Freude eines biederen Jungen, der dazu selten

souvent. La jarretière, d'ailleurs, a soulevé des plaisanteries très risquées. Quand il en part une trop forte, les dames se cachent la figure dans leur serviette, pour rire à leur aise.

Il est neuf heures. Les garçons du restaurant prient la noce de passer un instant dans une pièce voisine. Pendant ce temps, ils enlèvent vivement la table; et la vaste salle à manger se trouve changée en un salon de danse. Deux violons, un cornet à piston, une clarinette et une contrebasse sont installés sur une estrade. Le bal commence; les robes des demoiselles d'honneur, fouettées du bleu de leurs ceintures, flottent toute la nuit d'un bout de la salle à l'autre, au milieu des redingotes noires. Il fait très chaud, des dames ouvrent une fenêtre, respirent l'air pur du dehors. On sert sur des plateaux des verres de sirop de groseille. Vers deux heures, on cherche la mariée partout, mais elle a disparu, elle est rentrée à Paris avec sa mère et son mari. M. Bodin est resté pour représenter la famille et pour entretenir la belle humeur des convives. Il faut qu'on danse jusqu'au jour.

Rue Saint-Jacques, Mme Bodin et deux autres dames procèdent à la toilette de nuit de la mariée. Elles la couchent et se mettent toutes les trois à pleurer. Louise, qu'elles impatientent, les renvoie, après avoir été forcée elle-même de les encourager. Elle est très tranquille, fatiguée seulement, avec une grosse envie de dormir. Et, en effet, comme Alexandre, intimidé, tarde trop à se présenter, elle finit par s'endormir, à sa place, au fond du lit. Alexandre, pourtant, s'avance sur la pointe des pieds. Il s'arrête, la regarde sommeiller, un instant, soulagé. Puis, avec mille précautions, il se déshabille, se glisse sous le drap en évitant les secousses. Il ne l'em-
44 brasse même pas. Ce sera pour le lendemain matin. Ils
45 ont bien le temps, puisqu'ils sont ensemble pour la vie.

Gelegenheit hat. Im übrigen hat das Strumpfband heikle Witze ausgelöst. Wenn einer allzu deftig ausfällt, verbergen die Damen ihr Gesicht in der Serviette, um nach Herzenslust lachen zu können.

Es ist neun Uhr. Die Kellner bitten die Hochzeitsgesellschaft, einen Augenblick ins Nebenzimmer zu gehen. Unterdessen schaffen sie rasch den Tisch hinaus, und schon ist aus dem großen Speiseraum ein Tanzsaal geworden. Auf einem Podium finden zwei Geigen, ein Flügelhorn, eine Klarinette und ein Kontrabaß Platz. Der Ball beginnt. Die ganze Nacht hindurch schweben die festlichen Kleider der Brautjungfern, durch das Blau der Gürtel grell herausgehoben, inmitten der schwarzen Gehröcke vom einen Ende des Saals zum anderen. Es ist sehr heiß, einige Damen öffnen ein Fenster und atmen die reine Außenluft ein. Auf Tabletts werden Gläser mit rotem Johannisbeersirup angeboten. Gegen zwei Uhr sucht man überall nach der Braut, aber sie ist verschwunden, nach Paris zurückgefahren mit ihrer Mutter und ihrem Ehemann. Monsieur Bodin ist dageblieben, um die Familie zu vertreten und die Festgäste bei Laune zu halten. Es gehört sich, daß bis zum Morgen getanzt wird.

In der Rue Saint-Jacques schmücken Madame Bodin und zwei weitere Damen die Braut für die Nacht. Sie geleiten sie zu Bett und beginnen dann alle drei zu weinen. Louise, von ihnen nervös gemacht, schickt sie fort, nachdem sie sie selber noch hat aufmuntern müssen. Sie ist ganz ruhig, nur ein wenig ermattet, mit großem Schlafbedürfnis. Und tatsächlich: als Alexandre in seiner Schüchternheit allzu lange auf sein Erscheinen warten läßt, schläft sie schließlich an ihrem Platz an der Wandseite des Bettes ein. Alexandre nähert sich auf Zehenspitzen. Er bleibt stehen, betrachtet die Schlafende einen Augenblick ganz erleichtert. Dann zieht er sich mit aller erdenklichen Vorsicht aus und schlüpft, jede Erschütterung vermeidend, unters Leintuch. Er gibt ihr nicht einmal einen Kuß. Dafür ist es morgen früh genug. Sie haben ja viel Zeit, weil sie ein Leben lang beieinander sein werden.

Et ils mènent une vie très heureuse. Ils ont la chance de n'avoir pas d'enfants; des enfants les dérangeraient. Leur commerce prospère, la petite boutique s'agrandit, les vitrines s'emplissent de bijoux et de pendules. C'est Louise qui conduit la maison en maîtresse femme. Elle est, pendant des heures, au comptoir, à sourire aux clientes, à donner comme fabriqués de la veille des bijoux démodés; le soir, une plume à l'oreille, elle vérifie les comptes. Souvent aussi, elle passe les journées en courses, aux quatre coins de Paris, pour les commandes. Son existence entière s'écoule dans le souci constant du commerce; la femme disparaît; il ne reste qu'un commis actif et rusé, sans sexe, incapable d'une chute, ayant l'idée fixe de se retirer avec cinq ou six mille francs de rente, pour aller les manger, à Suresnes, dans une villa bâtie en forme de chalet suisse. Aussi, Alexandre montre-t-il une sérénité absolue, une confiance aveugle en sa femme. Lui, s'occupe seulement des travaux d'horlogerie, de la réparation des montres et des pendules; et il semble que la maison elle-même est une grande horloge, dont ils ont réglé à eux deux le balancier pour toujours. Jamais ils ne sauront s'ils se sont aimés. Mais ils savent, à coup sûr, qu'ils sont des associés honnêtes, âpres à l'argent, qui continuent à coucher ensemble pour éviter un double blanchissage de draps.

IV

Valentin est un grand gaillard de vingt-cinq ans, menuisier de son état, qui est né en plein faubourg Saint-Antoine. Son père et son grand-père étaient menuisiers. Il a poussé au milieu des copeaux, il a joué aux billes, jusqu'à dix ans, sur le trottoir de la place de la Bastille, autour de la colonne de Juillet. Maintenant, il couche

Und sie führen ein sehr glückliches Leben. Sie haben es gut: sie bekommen keine Kinder, die ihnen nur im Wege wären. Ihr Geschäft blüht, der kleine Laden wächst, die Schaufenster füllen sich mit Schmuck und Wohnungsuhren. Louise ist als lebenspraktische Frau die Herrin im Haus. Stundenlang steht sie hinter dem Ladentisch, bedient lächelnd die Kundinnen und behauptet von unmodernen Schmuckstücken, sie seien eben erst hergestellt. Am Abend rechnet sie, eine Feder hinterm Ohr, die Bücher nach. Oft ist sie auch tagelang an allen vier Ecken von Paris unterwegs, um Ware einzukaufen. Ihr ganzes Leben verrinnt in der ständigen Sorge ums Geschäft; die Frau tritt zurück, es bleibt nur die rührige, gerissene Verkäuferin, geschlechtslos, keines Fehltrittes fähig, mit der einen fixen Idee, den Lebensabend zu genießen mit fünf- oder sechstausend Francs Rente, die man in Suresnes in einer Villa im Stil eines Schweizer Chalets verzehren wird. So legt Alexandre eine ungetrübte Gelassenheit an den Tag, ein blindes Vertrauen in seine Frau. Er kümmert sich ausschließlich um seine Uhrmacherei, um die Reparatur der Taschen- und Stubenuhren, und man möchte meinen, das Haus selber sei eine große Uhr, deren Perpendikel sie ein für allemal miteinander eingestellt haben. Sie werden nie wissen, ob sie sich je geliebt haben. Sie wissen aber sehr genau, daß sie redliche Geschäftspartner sind, die sich für ihr Geld plagen und weiterhin zusammen schlafen, um nicht zwei Leintücher in die Wäsche geben zu müssen.

IV

Valentin ist ein stattlicher Bursche von fünfundzwanzig Jahren, von Beruf Schreiner, geboren mitten im Arbeiterviertel Faubourg Saint-Antoine. Vater und Großvater waren Schreiner. Aufgewachsen ist er unter Hobelspänen, mit Murmeln gespielt hat er, bis er zehn Jahre alt war, auf dem Gehsteig rings um die Juli-Säule auf der Place de la Bastille. Jetzt schläft er in der Rue de

rue de la Roquette, dans un garni borgne, où il a, pour dix francs par mois, un trou sous les toits, juste la place d'un lit et d'une chaise; et encore, pour monter sur le lit, est-il obligé de se plier en deux, s'il ne veut pas se cogner la tête au plafond. D'ailleurs, il en plaisante lui-même. Il ne reçoit pas dans ses appartements; il rentre se coucher à dix heures, et dès cinq heures du matin, hiver et été, il secoue ses puces. Il dit seulement que ça le vexe, quand il fait une connaissance, parce qu'il n'ose pas amener les dames chez lui. C'est si petit que, si on couchait à deux, il y en aurait pour sûr un qui laisserait ses jambes dans l'escalier.

Un bon diable, ce Valentin! Il travaille dur, parce qu'il est jeune encore et qu'il croit au travail. Avec ça, pas soûlard, pas joueur, un peu juponnier, peut-être. Les femmes, c'est son grand défaut. Quand, le matin, il pousse sa varlope d'un bras de papier mâché, les camarades le blaguent, lui crient qu'il a vu Mlle Lise. Ça vient de ce qu'une ancienne à Valentin s'appelait Lise, et que, les jours où la paresse l'empoignait, il avait coutume de dire: Cré nom! ça ne va pas, j'ai vu Lise hier soir! Dans les bastringues du faubourg, on l'appelle le beau menuisier. Il a une grosse tête joyeuse, avec des cheveux crépus; et, lorsqu'il danse, il lui arrive de retrousser les manches de sa blouse, pour être plus à l'aise, dit-il, mais en réalité pour montrer ses bras forts, qui sont blancs comme ceux d'une femme. Il a eu les plus belles filles, la grande Nana, la petite Augustine, et la grosse Adèle qui n'a qu'un œil, et jusqu'à la Bordelaise, une brocheuse pour laquelle deux militaires se sont tués. Chaque soir, il fait le tour des bals, un regard ici, un regard là, uniquement pour voir s'il n'y a pas, dans les
48 coins, des demoiselles qu'il ne connaît pas.

49 Un soir, comme il entre au «Jardin de Flore», un bas-

la Roquette in einem verrufenen Logierhaus, wo er für zehn Francs pro Monat eine Bude unterm Dach bewohnt, die gerade groß genug ist für ein Bett und einen Stuhl; um ins Bett zu steigen, muß er sich sogar noch zusammenkrümmen, wenn er nicht mit dem Kopf gegen die Decke stoßen will. Er macht übrigens selber Witze darüber: Er empfängt keine Besuche in seinen Gemächern, er geht um zehn Uhr schlafen, sommers und winters schüttelt er sich um fünf Uhr früh die Flöhe ab. Allerdings meint er, das sei ihm ärgerlich, wenn er eine Bekanntschaft mache, weil er es nicht wage, die Damen zu sich hinaufzunehmen. Der Raum sei so klein, daß bei Benutzung zu zweit ganz bestimmt einer seine Beine im Treppenhaus lassen müsse.

Ein prächtiger Kerl, dieser Valentin! Er arbeitet hart, weil er noch jung ist und die Arbeit ernstnimmt. Dabei kein Säufer, kein Spieler – vielleicht Schürzenjäger, das ja. Die Frauen sind seine große Schwäche. Wenn er seinen Langhobel mit Pudding in den Armen schiebt, ziehen ihn die Kollegen auf und rufen ihm zu, er sei wohl bei Mademoiselle Lise gewesen. Eine von Valentins Verflossenen nämlich hieß Lise, und an Tagen, da ihn die Faulheit übermannte, pflegte er zu sagen: «Himmeldonnerwetter, heute flutscht es nicht, ich war gestern abend bei Lise!» Auf den Tanzböden des Viertels heißt er der Schöne Schreiner. Er hat einen großen, fidelen Kopf mit krausem Haar, und wenn er tanzt, krempelt er gelegentlich die Ärmel seines Kittels auf, um es sich bequem zu machen, wie er sagt, in Wirklichkeit aber, um seine starken Arme zu zeigen, die hellhäutig sind wie die einer Frau. Er hat die schönsten Mädchen gehabt, die große Nana, die kleine Augustine, die dicke einäugige Adèle und sogar die «Schöne von Bordeaux», eine Arbeiterin aus der Buchbinderei, um derentwillen sich zwei Soldaten umgebracht haben. Abend für Abend macht er in den Tanzlokalen die Runde, ein Blick hierhin, einer dorthin, nur um zu sehen, ob in den Winkeln nicht irgendwelche Mädchen sitzen, die er noch nicht kennt.

Als er eines Abends «Floras Garten», einen Tanzboden in der

tringue de la rue de Charonne, voilà qu'il aperçoit Clémence, une fleuriste de seize ans, dont les beaux cheveux blonds lui semblent un soleil allumé dans la salle. Du coup, il est toqué. Pendant toute la soirée, il fait l'aimable, il danse avec la petite, paie un saladier de vin à la française. Puis, vers onze heures, quand Clémence rentre chez elle, il l'accompagne et, naturellement, il veut monter. Mais elle refuse d'une voix nette. Elle passe volontiers une soirée au bal; seulement, ça ne va pas plus loin. Et elle lui referme la porte au nez. Lui, le lendemain, prend des informations. Clémence a déjà eu un amant, qui l'a plantée là en lui laissant deux termes de loyer sur le dos. Alors, elle a juré de se venger sur le premier homme qui ferait la bêtise de l'aimer.

Cependant, les jours suivants, Valentin l'attend sur le trottoir, se risque à monter lui dire bonjour, la poursuit partout.

– Eh bien! est-ce pour ce soir? lui crie-t-il en riant.

Mais elle répond d'une voix gaie:

– Non, non, c'est pour demain!

Tous les dimanches, il la rencontre au «Jardin de Flore». Elle est là, assise contre l'orchestre des musiciens. Elle accepte très bien le vin à la française, elle danse avec lui, mais, dès qu'il veut l'embrasser, elle lui allonge une tape; et, s'il lui parle de se mettre ensemble, elle lui dit d'un air très raisonnable qu'il a tort de s'entêter, qu'elle ne veut pas parce que cela ne lui plaît pas. Pendant six semaines, ils plaisantent ainsi, sans cesser de rire.

A la fin du deuxième mois, Valentin devient sombre. Il ne peut plus dormir la nuit, dans son trou, sous les toits. Il y étouffe. Quand il est couché, les yeux grands ouverts, il aperçoit dans le noir la face blonde de Clémence, dont les cheveux luisent, avec leur rayonnement de soleil. Alors, la fièvre le prend, il reste jusqu'au jour à se

Rue de Charonne, betritt, erblickt er Clémence, eine Kunstblumenbinderin von sechzehn Jahren; es kommt ihm vor, als leuchte ihr schönes blondes Haar wie eine Sonne im Saal. Auf der Stelle hat es ihn erwischt. Den ganzen Abend zeigt er sich liebenswürdig, tanzt mit der Kleinen, spendiert eine große Schale Punsch.

Gegen elf Uhr dann, als Clémence heimgeht, begleitet er sie und will natürlich mit hinauf. Aber sie lehnt das mit klaren Worten ab. Sie verbringt gern mal einen Abend beim Tanzen, aber weiter geht das nicht. Und sie macht ihm die Tür vor der Nase zu. Am nächsten Tag hört er sich um. Clémence hat schon einen Freund gehabt, der sie mit zwei unbezahlten Monatsmieten sitzengelassen hat. Daraufhin hat sie geschworen, sich an dem ersten Mann zu rächen, der dumm genug sein sollte, sie zu lieben.

Aber während der ganzen nächsten Tage paßt Valentin sie auf dem Bürgersteig ab, wagt sogar, zu ihr hinaufzugehen und ihr guten Tag zu sagen, folgt ihr überallhin.

«Na, wie wär's heute abend?» ruft er ihr lachend zu.

Aber sie antwortet mit heiterer Stimme:

«Nein, nein, lieber morgen!»

Jeden Sonntag trifft er sie in «Floras Garten». Da sitzt sie dann, gleich neben der Kapelle. Sie nimmt gern einen Punsch an, tanzt auch mit Valentin, aber sobald er sie küssen will, gibt sie ihm einen Klaps, und wenn er davon spricht, sie sollten zusammenziehen, macht sie ihm ihre Ansicht sehr verständig klar: er ist auf dem Holzweg, wenn er darauf besteht; sie will das nicht, weil es ihr nicht gefällt. So tändeln sie sechs Wochen lang, immer in heiterer Stimmung.

Am Ende des zweiten Monats verdüstert sich Valentin. Er kann nachts in seinem Verschlag unter dem Dach nicht mehr schlafen. Er erstickt beinahe. Wenn er so mit weit offenen Augen daliegt, sieht er im Dunkeln das blonde Köpfchen seiner Clémence, und ihre Haare leuchten wie Sonnenstrahlen. Dann packt ihn das Fieber, bis zum Morgen wälzt er sich hin und her wie auf Kohlen,

retourner, comme sur des charbons; et le lendemain, à l'atelier, il ne fait rien, les yeux perdus, les outils tombés des mains. Les camarades lui crient: Tu as donc vu Mlle Lise? Hélas! non, il n'a pas vu Mlle Lise. Trois fois, il est allé chez Clémence, il s'est mis à genoux, en la suppliant de bien vouloir de lui. Mais elle a dit non, toujours non; si bien qu'il a pleuré, comme une bête, dans la rue. Il rêve d'aller coucher devant sa porte, sur le palier, parce qu'il lui semble qu'il serait mieux là, à entendre son léger souffle, par les fentes. Le désir de cette petite fille à laquelle il tordrait le cou entre deux doigts, comme à un poulet, lui ôte de la bouche le boire et le manger.

Enfin, un soir, il monte chez Clémence et lui offre brusquement de l'épouser. Elle reste saisie, mais elle accepte bien vite. Elle-même l'aime de tout son cœur; seulement, elle avait trop pleuré, quand le premier l'avait quittée. Du moment qu'il s'agit de se mettre ensemble pour toujours, elle veut bien.

Le lendemain, ils se rendent à la mairie pour savoir. La longueur des formalités les consterne. Clémence ne sait où trouver l'acte de décès de son père. Valentin court de bureau en bureau avant d'obtenir la pièce constatant sa libération du service. Ils se voient tous les jours, maintenant, ils vont se promener sur les fortifications et manger de la galette dans les fêtes de la banlieue. Le soir, quand ils reviennent par les longues rues des faubourgs, ils ne disent rien, ils se pressent doucement le bras. Leur cœur est gros d'une joie dont ils ne savent comment parler. Clémence, une fois, a chanté à Valentin une romance, où il était question d'une dame à un balcon et d'un prince qui lui baisait les cheveux; et Valentin a
52 trouvé ça si bien qu'il avait les yeux mouillés de larmes.

53 Les formalités sont remplies, le mariage est fixé à un

und am nächsten Tag in der Werkstatt steht er untätig da, starrt ins Leere, das Werkzeug ist ihm aus den Händen gefallen. Die Kollegen rufen ihm zu: «Na, warst du bei Mademoiselle Lise?» Ach nein, er war nicht bei Mademoiselle Lise. Dreimal ist er zu Clémence gegangen, hat vor ihr gekniet, hat sie angefleht, ihn zu erhören. Aber sie hat nein gesagt, immer wieder nein; am Ende hat er geheult wie ein Hund, auf offener Straße. Er malt sich aus, daß er vor ihrer Tür auf dem Treppenabsatz schlafen sollte, denn er hat das Gefühl, dort wäre er besser aufgehoben, weil er jedenfalls ihr leises Atmen durch die Ritzen hören würde. Das Verlangen nach diesem kleinen Mädchen, dem er wie einem Huhn mit zwei Fingern den Hals umdrehen könnte, läßt ihn Essen und Trinken vergessen.

Eines Abends schließlich geht er zu Clémence hinauf und bietet ihr unvermittelt an, sie zu heiraten. Sie ist ganz erschüttert, nimmt aber sehr rasch an. Sie liebt ihn selber von ganzem Herzen, sie hat nur zuviel geweint, als der erste sie verlassen hatte. Wenn es darum geht, für immer zusammenzubleiben, ist es ihr recht.

Am Tag darauf gehen sie aufs Rathaus, um sich zu erkundigen. Die langen Formalitäten machen sie ganz betroffen. Clémence weiß nicht, woher sie die Sterbeurkunde ihres Vaters bekommen soll. Valentin läuft von Amt zu Amt, bevor er die Bescheinigung seiner Militärdienstfreistellung bekommt. Sie sehen einander jetzt täglich, gehen über die Wallanlagen spazieren und und essen Brotkuchen auf Vorstadtbällen. Abends, wenn sie durch die langen Straßen der Außenbezirke heimgehen, sagen sie nichts, drücken sich nur sanft den Arm. Ihr Herz ist angefüllt mit einer Freude, die sie nicht auszusprechen wissen. Einmal hat Clémence ihrem Valentin eine Romanze vorgesungen, in der von einer Dame auf einem Balkon die Rede war und von einem Prinzen, der ihr das Haar küßt. Valentin hat das so schön gefunden, daß ihm die Augen von Tränen feucht geworden sind.

Der Papierkram ist erledigt, die Hochzeit auf einen Samstag

samedi. On se mariera tout tranquillement. Valentin est allé voir à l'église, mais comme le prêtre lui demandait six francs, il lui a répondu qu'il n'avait pas besoin de sa messe, et Clémence s'est écriée que le mariage à la mairie était le seul bon. D'abord, ils parlaient de ne pas faire de noce du tout; puis, pour ne pas paraître se cacher, ils ont organisé un pique-nique à cent sous par tête, chez un marchand de vins de la barrière du Trône. On sera dix-huit à table. Clémence doit amener trois de ses amies qui sont mariées. Valentin a recruté toute une bande de menuisiers et d'ébénistes, avec des dames. Le rendez-vous, chez le marchand de vins, est pour deux heures, parce qu'on a le projet d'aller faire un tour de promenade avant le dîner.

A la mairie, Valentin et Clémence se présentent accompagnés seulement de leurs témoins. Valentin a fait dégraisser sa redingote. Clémence, depuis trois jours, passe les nuits pour s'arranger une vieille robe bleue qu'une de ses amies, plus grande qu'elle, lui a vendue dix francs. Elle a un bonnet garni de fleurs rouges. Et elle est si jolie, avec sa mine blanche de petite fille, sous les mèches folles de ses cheveux blonds, que le maire lui sourit paternellement. Quand son tour arrive de dire «oui», elle sent Valentin qui lui donne un coup de coude, elle éclate de rire. Tout le monde rit dans la salle, jusqu'aux garçons de bureau. Il passe comme un souffle de jeunesse, au travers des feuilles jaunies du Code. Puis, quand il s'agit de signer sur le registre, les témoins s'appliquent. Valentin trace une croix, parce qu'il ne sait pas écrire. Clémence fait un gros pâté. A la quête pour les pauvres, tous mettent deux sous. Seule, la mariée, après avoir longuement fouillé ses poches, finit par donner dix sous.

54 A deux heures, la société se trouve réunie chez le mar-
55 chand de vin de la place du Trône. On part de là, on va sur

angesetzt. Sie wollen ganz friedlich heiraten. Valentin hat sich in der Kirche erkundigt, aber als der Priester sechs Francs von ihm verlangt hat, hat er erklärt, er brauche seine Messe nicht, und Clémence hat verkündet, die Ehe im Rathaus sei die einzig richtige. Zunächst haben sie gemeint, sie wollten gar kein Fest veranstalten, aber damit es nicht nach Heimlichtuerei aussieht, haben sie ein Essen auf eigene Kosten der Gäste zu je fünf Francs in einem Ausschank an der Zollschranke hinter der Place de la Nation organisiert. Achtzehn Personen werden es sein. Clémentine wird drei verheiratete Freundinnen mitbringen, Valentin hat einen ganzen Trupp von Bau- und Möbelschreinern mit ihren Mädchen zusammengebracht. Die Verabredung im Ausschank lautet auf zwei Uhr, weil vor dem Abendessen noch ein Spaziergang geplant ist.

Auf dem Rathaus finden sich Valentin und Clémence nur mit ihren Zeugen ein. Valentin hat seinen Gehrock reinigen lassen. Clémence hat die letzten drei Nächte damit verbracht, ein altes blaues Kleid herzurichten, das ihr für zehn Francs eine Freundin verkauft hat, die größer ist als sie. Sie trägt eine mit roten Blumen geschmückte Kappe, und mit ihrem unschuldigen Kindergesicht unter den wirren blonden Locken sieht sie so hübsch aus, daß der Bürgermeister ihr väterlich zulächelt. Als sie mit dem «Ja» an der Reihe ist, spürt sie, wie Valentin ihr einen Stoß mit dem Ellenbogen gibt, und prustet laut heraus. Alle Anwesenden lachen, sogar die Amtsdiener. Es weht so etwas wie ein Hauch Jugend durch die vergilbten Blätter des Gesetzbuchs. Als die Register zu unterzeichnen sind, geben sich die Zeugen alle Mühe. Valentin malt ein Kreuz; er kann nicht schreiben. Clémence macht einen dicken Klecks. Bei der Kollekte für die Armen gibt jeder zehn Centimes. Nur die Braut, nach langem Suchen in ihren Taschen, spendet schließlich fünfzig Centimes.

Um zwei Uhr ist die Gesellschaft im Ausschank an der Place de la Nation versammelt. Von dort bricht man auf und bummelt

les fortifications, on marche devant soi; puis, les hommes organisent une partie de colin-maillard, dans le fossé. Lorsqu'un des menuisiers attrape une dame, il la garde un instant dans ses bras, il lui pince les hanches; et la dame jette de petits cris, dit que c'est défendu, qu'on ne doit pas pincer. Toute la société rit aux éclats, trouble ce coin désert d'un tel vacarme que les moineaux effarés s'envolent des arbres, le long du chemin de ronde. Au retour, il y a trois enfants que leurs pères sont obligés de mettre à califourchon sur le cou, parce qu'ils ne peuvent plus marcher.

Ça n'empêche personne de donner un furieux coup de fourchette, le soir, au dîner. Chacun veut manger pour ses cent sous. On paie, n'est-ce pas? on peut bien vider les plats. Aussi faut-il voir avec quel soin les os sont nettoyés. On ne laisse rien remporter à la cuisine. Valentin, que les camarades veulent griser, par farce, surveille son verre; mais Clémence qui ne boit pas de vin pur d'habitude, est très rouge et parle comme une pie, avec des cris d'oiseau. Au dessert, les chansons commencent. Chacun dit la sienne. Pendant trois heures, c'est un roucoulement de couplets interminables. L'un chante la romance, une histoire où il est question de Venise et des gondoles; l'autre a la spécialité des chansonnettes comiques et raconte les méfaits du vin à quat'sous, en faisant l'homme ivre au refrain; un troisième entame une gaudriole, quelque chose de salé, que les dames, en riant très fort, accompagnent avec les manches des couteaux sur les verres. Pourtant, lorsqu'il s'agit de payer, on se fâche. Le marchand de vin réclame des suppléments. Comment! des suppléments? On est convenu de cent sous, c'est cent sous, pas davantage! Et comme le marchand de vin menace d'appeler les ser-
56 gents de ville, ça tourne mal, on échange des coups de
57 poing, une partie de la noce va finir la nuit au poste.

auf den Wällen planlos dahin, bis die Männer im Festungsgraben ein Blindekuhspiel veranstalten. Wenn einer der Schreiner eine Dame erwischt, behält er sie erst einmal im Arm, kneift sie in die Hüften, und die Dame stößt spitze Schreie aus und sagt, das sei verboten, Kneifen sei gemein. Die ganze Gesellschaft brüllt vor Lachen und beunruhigt diese einsame Gegend mit einem solchen Lärm, daß die Spatzen verstört aus den Bäumen am Weg auf dem Wall aufflattern. Auf dem Rückweg können die Kinder nicht mehr laufen; ihre Väter müssen sie sich rittlings auf die Schultern setzen.

Das hindert aber niemanden daran, am Abend beim Essen gewaltig zuzulangen. Jeder will seine fünf Francs abessen. Man zahlt schließlich, also hat man auch das Recht, die Schüsseln zu leeren. Es ist sehenswert, wie sorgfältig die Knochen abgenagt werden. Nichts geht in die Küche zurück. Valentin, den die Kollegen zum Spaß betrunken machen wollen, paßt auf sein Glas auf, aber Clémence, die sonst keinen unverdünnten Wein trinkt, ist hochrot und schwatzt mit kleinen Vogelschreien wie eine Elster. Beim Nachtisch geht es ans Singen. Jeder singt sein Lied. Drei Stunden lang erklingen die endlosen sentimentalen Strophen. Der eine trägt eine Moritat vor, eine Geschichte, in der Venedig und Gondeln vorkommen, ein anderer ist auf komische Lieder spezialisiert und besingt die schlimmen Folgen billigen Weines, wobei er zum Refrain den Betrunkenen mimt, ein dritter stimmt eine gesalzene Weise an, bei der die Damen unter lautem Gelächter zur Begleitung mit den Messergriffen an die Gläser klopfen.

. Doch als es ans Zahlen geht, gibt es Ärger. Der Wirt verlangt Aufzahlungen. Was heißt hier Aufzahlungen? Fünf Francs sind abgemacht, also werden fünf Francs bezahlt, nicht mehr! Und als der Wirt damit droht, die Polizei zu holen, wird es schlimm. Es setzt Fausthiebe, und ein Teil der Hochzeitsgesellschaft verbringt den Rest der Nacht auf der Wache. Die Jungvermählten sind zum Glück klug genug

Heureusement, les mariés ont eu la sagesse de gagner la porte, dès le commencement de la querelle.

Il est quatre heures du matin, lorsque Valentin et Clémence rentrent dans la chambre de celle-ci, qu'ils sont décidés à garder jusqu'au terme prochain. Ils ont descendu tout le faubourg Saint-Antoine à pied, par un petit vent froid qu'ils ne sentaient pas, tant ils marchaient vite. Et, dès que la porte est refermée, Valentin prend Clémence entre ses bras, lui couvre la figure de baisers, avec une brutalité de passion qui la fait rire. Elle se pend à son cou, elle l'embrasse aussi de toutes ses forces, pour lui prouver qu'elle l'aime. Le lit n'est pas seulement fait, elle s'est tant pressée le matin qu'elle a simplement étalé la couverture. Et il l'aide à retourner le matelas. Puis, le jour se lève, quand ils se couchent. Le serin de Clémence, dont la cage est accrochée près de la fenêtre, a un gazouillis très doux. Dans la chambre pauvre, sous les rideaux fanés du lit, l'amour met comme un battement d'ailes.

Tout compte fait, Valentin et Clémence sont entrés en ménage avec vingt-trois sous. Le lundi, ils retournent tranquillement à l'ouvrage, chacun de son côté. Et les jours s'écoulent, et la vie passe. A trente ans, Clémence est laide, ses cheveux blonds sont devenus d'un jaune sale, les trois enfants qu'elle a nourris l'ont déformée, Valentin est tombé dans le vin, l'haleine forte, ses beaux bras durcis et maigris par le rabot. Les jours de paie, quand le menuisier rentre soûl, les poches vides, le ménage s'allonge des claques, pendant que les mioches hurlent. Peu à peu, la femme s'habitue à aller chercher son homme chez le marchand de vin; et elle finit par s'attabler, elle prend sa part des litres, au milieu de la
58 fumée des pipes. Mais elle aime son homme tout de
59 même, elle l'excuse, quand il lui envoie quelque gifle.

gewesen, sich schon bei Beginn der Auseinandersetzung zur Tür zu begeben.

Es ist vier Uhr früh, als Valentin und Clémence im Zimmer der Braut eintreffen, das sie bis zum Quartalsende behalten wollen. Sie haben den ganzen Faubourg Saint-Antoine zu Fuß durchquert, bei einem schneidend kalten Wind, den sie gar nicht gespürt haben, so rasch sind sie gegangen. Kaum haben sie die Tür hinter sich zugemacht, nimmt Valentin seine Clémence in die Arme und bedeckt ihr Gesicht mit Küssen, so stürmisch leidenschaftlich, daß sie lachen muß.

Sie hängt sich an seinen Hals, küßt ihn auch, so fest sie kann, um ihm zu zeigen, daß sie ihn liebt. Das Bett ist nicht einmal gemacht, sie hat sich am Morgen so beeilen müssen, daß sie nur die Decke darüber gebreitet hat. Und er hilft ihr beim Wenden der Matratze. Der Tag bricht schon an, als sie sich hinlegen. Der Zeisig, den Clémence in seinem Käfig am Fenster aufgehängt hat, zwitschert ganz leise. Und in dem armseligen Zimmer, hinter den verblichenen Bettvorhängen, naht mit sanftem Flügelschlag die Liebe.

Bei genauer Abrechnung haben Valentin und Clémence ihren Hausstand mit einem Franc fünfzehn Centimes begründet. Am Montag geht jeder in Ruhe an seine Arbeit. Und die Tage vergehen, das Leben verrinnt. Mit dreißig Jahren ist Clémence häßlich, ihre blonden Haare sind schmutziggelb geworden, die drei Kinder, die sie gestillt hat, haben ihre Figur verdorben, Valentin ist dem Wein verfallen, er hat einen üblen Atem, seine schönen Arme sind vom Hobel steif und mager geworden. Am Lohntag, wenn der Schreiner betrunken und mit leeren Taschen heimkommt, setzt es Ohrfeigen zwischen den Eheleuten, während die Gören heulen. Nach und nach gewöhnt sich die Frau daran, ihren Mann aus der Kneipe zu holen, und schließlich setzt sie sich selber dazu, nimmt sich ihren Teil von der Weinflasche inmitten des Pfeifenrauchs. Aber sie liebt ihren Mann trotzdem, sie nimmt es ihm nicht übel, wenn er ihr mal eine langt. Außerdem bleibt sie

D'ailleurs, elle reste honnête femme; on ne peut pas l'accuser de coucher avec le premier venu, comme certaines créatures. Et, dans cette vie de querelles et de misère, dans la saleté du logis souvent sans feu et sans pain, dans la lente dégradation du ménage, il y a, jusqu'à la mort, sous les rideaux en guenilles du lit, des nuits où l'amour met la caresse de son battement d'ailes.

anständig; niemand kann ihr vorwerfen, daß sie wie gewisse Schlampen mit dem Nächstbesten ins Bett geht. Und in diesem Leben in Streit und Elend, im Schmutz dieser Behausung, wo es oft genug am warmen Ofen und am Brot fehlt, in diesem langsam heruntergekommenen Hausstand gibt es bis zum Tode hinter den längst zu Fetzen gewordenen Bettvorhängen immer wieder eine Nacht, da die Liebe sie mit ihrem Flügelschlag streift.

Comment on meurt

I

Le comte de Verteuil a cinquante-cinq ans. Il appartient à une des plus illustres familles de France, et possède une grande fortune. Boudant le Gouvernement, il s'est occupé comme il a pu, a donné des articles aux revues sérieuses, qui l'ont fait entrer à l'Académie des sciences morales et politiques, s'est jeté dans les affaires, s'est passionné successivement pour l'agriculture, l'élevage, les beaux-arts. Même, un instant, il a été député, et s'est distingué par la violence de son opposition.

La comtesse Mathilde de Verteuil a quarante-six ans. Elle est encore citée comme la blonde la plus adorable de Paris. L'âge semble blanchir sa peau. Elle était un peu maigre: maintenant, ses épaules, en mûrissant, ont pris la rondeur d'un fruit soyeux. Jamais elle n'a été plus belle. Quand elle entre dans un salon, avec ses cheveux d'or et le satin de sa gorge, elle paraît être un astre à son lever; et les femmes de vingt ans la jalousent.

Le ménage du comte et de la comtesse est un de ceux dont on ne dit rien. Ils se sont épousés comme on s'épouse le plus souvent dans leur monde. Même on assure qu'ils ont vécu six ans très bien ensemble. A cette époque, ils ont eu un fils, Roger, qui est lieutenant, et une fille, Blanche, qu'ils ont mariée l'année dernière à M. de Bussac, maître des requêtes. Ils se rallient dans leurs enfants. Depuis des années qu'ils ont rompu, ils restent bons amis, avec un grand fond d'égoïsme. Ils se consultent, sont parfaits l'un pour l'autre devant le monde,
 mais s'enferment ensuite dans leurs appartements, où
 ils reçoivent des intimes à leur guise.

Wie man stirbt

I

Graf de Verteuil ist fünfundfünfzig Jahre alt. Er gehört einer der erlauchtesten Familien Frankreichs an und besitzt ein großes Vermögen. Mit der republikanischen Regierung hat er nichts im Sinn gehabt; er hat sich beschäftigt, wie es sich ergab, hat Artikel für seriöse Zeitschriften geschrieben, was ihm die Mitgliedschaft in der Akademie der moralischen und politischen Wissenschaften eingetragen hat, ist intensiv ins Geschäftsleben eingestiegen, hat sich nacheinander leidenschaftlich für Ackerbau, Viehzucht und bildende Kunst interessiert. Eine Zeitlang war er sogar Abgeordneter und hat sich durch heftige Opposition hervorgetan.

Gräfin Mathilde de Verteuil ist sechsundvierzig Jahre alt. Noch heute spricht man von ihr als von der bewundernswertesten blonden Schönheit von Paris. Das Alter scheint ihren Teint noch makelloser zu machen. Früher war sie ein wenig hager; jetzt haben ihre reifer gewordenen Schultern die Rundungen einer seidigen Frucht. Nie war sie schöner. Betritt sie mit ihrem goldenen Haar und ihrem samtenen Hals einen Salon, so wirkt sie wie ein aufgehendes Gestirn – zwanzigjährige Frauen sind auf sie eifersüchtig.

Die Ehe des Grafen und der Gräfin gehört zu denen, über die es nichts zu sagen gibt. Sie haben geheiratet, wie man in ihren Kreisen meistens heiratet. Ja, es wird behauptet, sie hätten sechs Jahre lang sehr gut zusammen gelebt. Damals bekamen sie einen Sohn, Roger, der jetzt Oberleutnant ist, und eine Tochter, Blanche, die im vergangenen Jahr mit Monsieur de Bussac, einem hohen Beamten im Staatsrat, verheiratet wurde. Ihre Kinder sind das verbindende Element. Seit die Eheleute vor Jahren gebrochen haben, sind sie gut Freund geblieben mit einem kräftigen Schuß Egoismus. Sie sprechen sich ab, verhalten sich in der Öffentlichkeit vorbildlich zueinander, schließen sich aber dann in ihren Gemächern ab, wo sie enge Freunde nach eigenem Gutdünken empfangen.

Cependant, une nuit, Mathilde rentre d'un bal vers deux heures du matin. Sa femme de chambre la déshabille; puis, au moment de se retirer, elle dit:

– Monsieur le comte s'est trouvé un peu indisposé ce soir.

La comtesse, à demi endormie, tourne paresseusement la tête.

– Ah! murmure-t-elle.

Elle s'allonge, elle ajoute:

– Réveillez-moi demain à dix heures, j'attends la modiste.

Le lendemain, au déjeuner, comme le comte ne paraît pas, la comtesse fait d'abord demander de ses nouvelles; ensuite, elle se décide à monter auprès de lui. Elle le trouve très pâle dans son lit, très correct. Trois médecins sont déjà venus, ont causé à voix basse et laissé des ordonnances; ils doivent revenir le soir. Le malade est soigné par deux domestiques, qui s'agitent graves et muets, étouffant le bruit des leurs talons sur les tapis. La grande chambre sommeille, dans une sévérité froide; pas un linge ne traîne, pas un meuble n'est dérangé. C'est la maladie propre et digne, la maladie cérémonieuse, qui attend des visites.

– Vous souffrez donc, mon ami? demande la comtesse en entrant.

Le comte fait un effort pour sourire.

– Oh! un peu de fatigue, répond-il. Je n'ai besoin que de repos... Je vous remercie de vous être dérangée.

Deux jours se passent. La chambre reste digne; chaque objet est à sa place, les potions disparaissent sans tacher un meuble. Les faces rasées des domestiques ne se permettent même pas d'exprimer un sentiment d'ennui.
64 Cependant, le comte sait qu'il est en danger de mort; il
65 a exigé la vérité des médecins, et il les laisse agir, sans

Eines Nachts nun kommt Mathilde gegen zwei Uhr früh von einem Ball. Ihre Zofe hilft ihr beim Auskleiden und sagt im Hinausgehen:

«Der Herr Graf war heute abend ein wenig unpäßlich.»

Die Gräfin, schon halb im Einschlafen, wendet nur träge den Kopf.

«Ach!» murmelt sie.

Sie streckt sich aus und fügt hinzu:

«Wecken Sie mich morgen um zehn Uhr, ich erwarte die Putzmacherin.»

Als der Graf am anderen Morgen nicht zum Frühstück erscheint, läßt sich die Gräfin zunächst nach seinem Befinden erkundigen, später entschließt sie sich, zu ihm hinaufzugehen. Sie findet ihn sehr blaß, aber sehr korrekt in seinem Bett liegen. Drei Ärzte sind schon dagewesen, haben leise miteinander verhandelt und Rezepte hinterlassen; am Abend sollen sie noch einmal kommen. Der Kranke wird von zwei Bedienten gepflegt, die sich bedächtig und schweigend bewegen und auf dem Teppich jedes Geräusch mit ihren Absätzen vermeiden. Der große Raum wirkt kühl und abweisend, wie erstarrt; kein Wäschestück liegt herum, kein Möbel steht am falschen Platz. Krankheit in sauberer, würdiger Form, zelebrierte Krankheit, die auf Besucher eingestellt ist.

«Es geht Ihnen nicht gut, lieber Freund?» fragt die Gräfin beim Eintreten.

Der Graf zwingt sich zu einem Lächeln.

«Ach, eine kleine Erschöpfung», erwidert er. «Ich brauche nur Ruhe... Ich danke Ihnen, daß Sie eigens gekommen sind.»

Zwei Tage vergehen. Das Zimmer bleibt würdig wie eh und je, jeder Gegenstand steht an seinem Platz, die Arzneifläschchen verschwinden, ohne einen Flecken auf einem Möbelstück zu hinterlassen. Die rasierten Gesichter der Bedienten lassen sich nicht einmal einen kummervollen Ausdruck durchgehen. Dabei weiß der Graf, daß er in Lebensgefahr schwebt; er hat von den

une plainte. Le plus souvent, il demeure les yeux fermés, ou bien il regarde fixement devant lui, comme s'il réfléchissait à sa solitude.

Dans le monde, la comtesse dit que son mari est souffrant. Elle n'a rien changé à son existence, mange et dort, se promène à ses heures. Chaque matin et chaque soir, elle vient elle-même demander au comte comment il se porte.

– Eh bien? allez-vous mieux, mon ami?

– Mais oui, beaucoup mieux, je vous remercie, ma chère Mathilde.

– Si vous le désiriez, je resterais près de vous.

– Non, c'est inutile. Julien et François suffisent... A quoi bon vous fatiguer?

Entre eux, ils se comprennent, ils ont vécu séparés et tiennent à mourir séparés. Le comte a cette jouissance amère de l'égoïste, désireux de s'en aller seul, sans avoir autour de sa couche l'ennui des comédies de la douleur. Il abrège le plus possible, pour lui et pour la comtesse, le désagrément du suprême tête-à-tête. Sa volonté dernière est de disparaître proprement, en homme du monde qui entend ne déranger et ne répugner personne.

Pourtant, un soir, il n'a plus que le souffle, il sait qu'il ne passera pas la nuit. Alors, quand la comtesse monte faire sa visite accoutumée, il lui dit en trouvant un dernier sourire:

– Ne sortez pas... Je ne me sens pas bien.

Il veut lui éviter les propos du monde. Elle, de son côté, attendait cet avis. Et elle s'installe dans la chambre. Les médecins ne quittent plus l'agonisant. Les deux domestiques achèvent leur service, avec le même empressement silencieux. On a envoyé chercher les enfants, Roger et Blanche, qui se tiennent près du lit, à côté de leur mère. D'autres parents occupent une pièce voisine.

Ärzten die Wahrheit verlangt und läßt sie jetzt ohne jede Klage das Ihrige tun. Meist liegt er mit geschlossenen Augen da, oder er starrt vor sich hin, als denke er über seine Einsamkeit nach.

In der Öffentlichkeit erklärt die Gräfin, ihr Gemahl sei nicht recht gesund. Sie hat nichts an ihrem Lebensstil geändert, ißt und schläft, geht zur üblichen Zeit aus. Jeden Morgen und jeden Abend kommt sie persönlich, um den Grafen zu fragen, wie es um ihn steht.

«Nun, geht es Ihnen besser, lieber Freund?»

«Oh ja, sehr viel besser, verbindlichen Dank, meine liebe Mathilde.»

«Wenn Sie es wünschen, bleibe ich bei Ihnen.»

«Nein, das ist nicht nötig. Julien und François genügen... Warum sollten Sie sich bemühen?»

Die beiden verstehen einander. Sie haben getrennt gelebt und wollen auch getrennt sterben. Der Graf genießt den bitteren Egoismus, nun allein abzutreten, ohne um sein Lager das lästige Schauspiel gespielten Schmerzes ertragen zu müssen. In seinem und in der Gräfin Interesse kürzt er das unerfreuliche letzte Beieinandersein nach Möglichkeit ab. Sein letzter Wunsch ist der saubere Abgang eines Mannes von Welt, der entschlossen ist, niemandem lästig zu fallen oder Abscheu einzuflößen.

Doch eines Abends kann er nur noch mühsam atmen, er weiß, daß er die Nacht nicht überleben wird. Da sagt er, als die Gräfin ihren üblichen Besuch bei ihm macht, mit einem letzten bemühten Lächeln:

«Gehen Sie nicht... Mir ist nicht gut.»

Er will ihr üble Nachrede ersparen. Sie wiederum hat auf diesen Hinweis gewartet, und sie läßt sich in seinem Zimmer nieder. Die Ärzte bleiben jetzt bei dem Sterbenden. Die beiden Bedienten beenden ihre Tätigkeit mit der stets gleichen lautlosen Beflissenheit. Die Kinder, Roger und Blanche, sind herbeigerufen worden; sie halten sich neben ihrer Mutter in der Nähe des Bettes. Weitere Verwandte befinden sich in einem Nebenzimmer. So vergeht

La nuit se passe de la sorte, dans une attente grave. Au matin, les derniers sacrements sont apportés, le comte communie devant tous, pour donner un dernier appui à la religion. Le cérémonial est rempli, il peut mourir.

Mais il ne se hâte point, semble retrouver des forces, afin d'éviter une mort convulsée et bruyante. Son souffle, dans la vaste pièce sévère, émet seulement le bruit cassé d'une horloge qui se détraque. C'est un homme bien élevé qui s'en va. Et, lorsqu'il a embrassé sa femme et ses enfants, il les repousse d'un geste, il retombe du côté de la muraille, et meurt seul.

Alors, un des médecins se penche, ferme les yeux du mort. Puis, il dit à demi-voix:

– C'est fini.

Des soupirs et des larmes montent dans le silence. La comtesse, Roger et Blanche se sont agenouillés. Ils pleurent entre leurs mains jointes; on ne voit pas leurs visages. Puis, les deux enfants emmènent leur mère, qui, à la porte, voulant marquer son désespoir, balance sa taille dans un dernier sanglot. Et, dès ce moment, le mort appartient à la pompe de ses obsèques.

Les médecins s'en sont allés, en arrondissant le dos et en prenant une figure vaguement désolée. On a fait demander un prêtre à la paroisse, pour veiller le corps. Les deux domestiques restent avec ce prêtre, assis sur des chaises, raides et dignes; c'est la fin attendue de leur service. L'un d'eux aperçoit une cuiller oubliée sur un meuble; il se lève et la glisse vivement dans sa poche, pour que le bel ordre de la chambre ne soit pas troublé.

On entend au-dessous, dans le grand salon, un bruit de marteaux: ce sont les tapissiers qui disposent cette pièce en chapelle ardente. Toute la journée est prise par l'embaumement; les portes sont fermées, l'embaumeur est seul avec ses aides. Lorsqu'on descend le comte, le

die Nacht in ernster Erwartung. Gegen Morgen werden die Sterbesakramente gebracht, der Graf kommuniziert vor allen Anwesenden, um der Religion ein letztes Mal dienlich zu sein. Das Zeremoniell ist erfüllt, er darf sterben.

Aber er übereilt sich nicht, scheint sogar noch Kräfte zu finden, um einen Tod unter lauten Krämpfen zu vermeiden. Sein Atem erfüllt den großen, schmucklosen Raum nur mit dem scheppernden Geräusch einer in Unordnung geratenen Uhr. Hier tritt ein wohlerzogener Mann ab. Und nachdem er seine Frau und seine Kinder geküßt hat, scheucht er sie mit einer Bewegung weg, läßt sich zur Wandseite fallen und stirbt allein.

Hierauf beugt sich einer der Ärzte über den Toten, drückt ihm die Augen zu und verkündet mit leiser Stimme:

«Es ist vorbei.»

In das Schweigen hinein fallen Seufzer und Tränen. Die Gräfin, Roger und Blanche sind niedergekniet. Sie weinen in ihre gefalteten Hände; ihre Gesichter sind nicht zu sehen. Dann führen die beiden Kinder ihre Mutter hinaus, die in der Tür zum Zeichen ihrer Verzweiflung ihren Körper in einem letzten Schluchzen aufbäumt. Von diesem Augenblick an gehört der Tote dem Gepränge der Bestattungsfeierlichkeiten.

Die Ärzte sind mit gebeugtem Rücken und allen Anzeichen undefinierbarer Betrübnis gegangen. Von der Pfarrgemeinde hat man einen Priester kommen lassen, der die Totenwache hält. Die zwei Bedienten leisten dem Priester Gesellschaft, sitzen steif und würdig auf ihren Stühlen: der vorausgesehene Abschluß ihres Dienstes. Einer bemerkt einen liegengelassenen Löffel auf einem Möbelstück; er steht auf und steckt ihn rasch in die Tasche, damit die schöne Ordnung des Zimmers nicht gestört werde.

Von unten, aus dem großen Salon, vernimmt man Hammerschläge: das sind die Tapezierer, die den Raum in eine Trauerkapelle verwandeln. Der ganze Tag wird für das Einbalsamieren benötigt; die Türen sind verschlossen, der Einbalsamierer bleibt mit seinen Gehilfen allein. Als man den Grafen am nächsten Tag

lendemain, et qu'on l'expose, il est en habit, il a une fraîcheur de jeunesse.

Dès neuf heures, le matin des obsèques, l'hôtel s'emplit d'un murmure de voix. Le fils et le gendre du défunt, dans un salon du rez-de-chaussée, recoivent la cohue; ils s'inclinent, ils gardent une politesse muette de gens affligés. Toutes les illustrations sont là, la noblesse, l'armée, la magistrature; il y a jusqu'à des sénateurs et des membres de l'Institut.

A dix heures enfin, le convoi se met en marche pour se rendre à l'église. Le corbillard est une voiture de première classe, empanachée de plumes, drapée de tentures à franges d'argent. Les cordons du poële sont tenus par un maréchal de France, un duc, vieil ami du défunt, un ancien ministre et un académicien. Roger de Verteuil et M. de Bussac conduisent le deuil. Ensuite, vient le cortège, un flot de monde ganté et cravaté de noir, tous des personnages importants qui soufflent dans la poussière et marchent avec le piétinement sourd d'un troupeau débandé.

Le quartier ameuté est aux fenêtres; des gens font la haie sur les trottoirs, se découvrent et regardent passer avec des hochements de tête le corbillard triomphal. La circulation est interrompue par la file interminable des voitures de deuil, presque toutes vides; les omnibus, les fiacres, s'amassent dans les carrefours; on entend les jurons des cochers et les claquements des fouets. Et pendant ce temps, la comtesse de Verteuil, restée chez elle, s'est enfermée dans son appartement, en faisant dire que les larmes l'ont brisée. Etendue sur une chaise longue, jouant avec le gland de sa ceinture, elle regarde le plafond, soulagée et rêveuse.

70 A l'église, la cérémonie dure près de deux heures. Tout
71 le clergé est en l'air depuis le matin, on ne voit que des

hinunterträgt und aufbahrt, ist er im Frack und wirkt jugendlich frisch.

Am Morgen der Beisetzung erfüllt ein Stimmengemurmel das Haus. Sohn und Schwiegersohn des Verstorbenen empfangen die Menge in einem Salon im Erdgeschoß; sie verneigen sich und bewahren die stumme Höflichkeit von Menschen in Trauer. Alles ist da, was Rang und Namen hat, aus Adel, Armee und Staat, sogar Senatoren und Mitglieder des Institut de France.

Um zehn Uhr setzt sich der Zug schließlich zur Kirche in Bewegung. Der Leichenwagen ist ein Gefährt Erster Klasse, mit Federbüschen an den Ecken, ausgeschlagen mit silbergefransten Tüchern. Die Bänder des Baldachins halten ein Marschall von Frankreich, ein Herzog als alter Freund des Verstorbenen, ein ehemaliger Minister und ein Mitglied der Akademie. Roger de Verteuil und Monsieur de Bussac gehen an der Spitze des Zuges. Es folgen die Trauergäste, eine Menge von Leuten mit schwarzen Handschuhen und schwarzer Krawatte, lauter bedeutende Persönlichkeiten, die sich mit dem dumpfen Getrappel einer unordentlich ziehenden Herde schnaufend durch den Staub fortbewegen.

Das aufgescheuchte Stadtviertel drängt sich an den Fenstern oder im Spalier am Bürgersteig; die Leute nehmen die Kopfbedeckung ab und schauen nachdenklich nickend zu, wie der prächtige Leichenwagen vorbeirollt. Der Verkehr wird durch die endlose Schlange der fast sämtlich leeren Wagen des Zuges unterbrochen; Pferdebahnen und Droschken drängen sich an den Kreuzungen, man hört Kutscherflüche und Peitschengeknalle. Zu dieser Zeit hat sich die Gräfin de Verteuil, die daheim geblieben ist, in ihren Gemächern eingeschlossen; sie hat ausrichten lassen, sie sei von den Tränen völlig erschöpft. Sie ruht auf einem flachen Sofa, spielt mit ihrer Gürtelquaste und schaut erleichtert und gedankenverloren zur Zimmerdecke.

Die Zeremonie in der Kirche dauert fast zwei Stunden. Der ganze Klerus ist seit dem Morgen in Trab, überall erblickt man

prêtres affairés courir en surplis, donner des ordres, s'éponger le front et se moucher avec des bruits retentissants. Au milieu de la nef tendue de noir, un catafalque flamboie. Enfin le cortège s'est casé, les femmes à gauche, les hommes à droite; et les orgues roulent leurs lamentations, les chantres gémissent sourdement, les enfants de chœur ont des sanglots aigus; tandis que, dans des torchères, brûlent de hautes flammes vertes, qui ajoutent leur pâleur funèbre à la pompe de la cérémonie.

– Est-ce que Faure ne doit pas chanter? demande un député à son voisin.

– Oui, je crois, répond le voisin, un ancien préfet, homme superbe qui sourit de loin aux dames.

Et, lorsque la voix du chanteur s'élève dans la nef frissonnante:

– Hein! quelle méthode, quelle ampleur! reprend-il à demi-voix, en balançant la tête de ravissement.

Toute l'assistance est séduite. Les dames, un vague sourire aux lèvres, songent à leurs soirées de l'Opéra. Ce Faure a vraiment du talent! Un ami du défunt va jusqu'à dire:

– Jamais il n'a mieux chanté!... C'est fâcheux que ce pauvre Verteuil ne puisse l'entendre, lui qui l'aimait tant!

Les chantres, en chapes noires, se promènent autour du catafalque. Les prêtres, au nombre d'une vingtaine, compliquent le cérémonial, saluent, reprennent des phrases latines, agitent des goupillons. Enfin, les assistants eux-mêmes défilent devant le cercueil, les goupillons circulent. Et l'on sort, après les poignées de main à la famille. Dehors, le plein jour aveugle la cohue.

C'est une belle journée de juin. Dans l'air chaud, des fils légers volent. Alors, devant l'église, sur la petite
72 place, il y a des bousculades. Le cortège est long à se
73 réorganiser. Ceux qui ne veulent pas aller plus loin, dis-

eifrige Priester im Chorrock, die Anweisungen erteilen, sich die Stirn trocknen und sich geräuschvoll schneuzen. In der Mitte des schwarz ausgeschlagenen Kirchenschiffs erstrahlt ein Katafalk. Endlich ist die Trauergemeinde untergebracht, die Frauen links, die Männer rechts;

jetzt braust klagend die Orgel, dumpf stöhnen die Sänger, schrill schluchzen die Chorknaben, während in Feuerschalen hohe grünliche Flammen lodern und ihr bleiches Licht über den Pomp der feierlichen Handlung ausgießen.

«Sollte nicht Faure singen?» fragt ein Abgeordneter seinen Nachbarn.

«Ich glaube ja», erwidert der Nachbar, ein sehr selbstbewußter Präfekt, der von weitem den Damen zulächelt.

Und als die Stimme des Sängers durch das erschauernde Kirchenschiff erklingt, setzt er mit entzückt pendelndem Kopf leise hinzu:

«Nicht wahr? Welch eine Schulung, welch ein Stimmumfang!»

Alle Anwesenden sind wie verzaubert. Die Damen, ein undefinierbares Lächeln auf den Lippen, denken an ihre Opernabende. Dieser Faure ist wirklich ein begabter Bursche! Ein Freund des Verstorbenen versteigt sich zu der Äußerung:

«So gut hat er noch nie gesungen!... Schade, daß der arme Verteuil ihn nicht hören kann, er mochte ihn doch so sehr!»

In schwarzen Mänteln umschreiten die Sänger den Katafalk. Die ungefähr zwanzig Priester nehmen es mit dem Zeremoniell sehr genau, verneigen sich, respondieren in lateinischen Sätzen, fuchteln mit Weihwedeln. Dann defilieren die Trauergäste am Sarg vorbei und reichen einander die Weihwedel weiter. Endlich geht es nach dem Händedruck für die Familienmitglieder hinaus. Draußen blendet das helle Tageslicht die Menge.

Es ist ein schöner Junitag. In der warmen Luft schweben leichte Fädchen. Auf dem kleinen Platz vor der Kirche gibt es ein Gedränge. Nur langsam bildet sich der Trauerzug. Wer nicht weiter mitgehen will, macht sich davon. In zweihundert Meter Ent-

paraissent. A deux cents mètres, au bout d'une rue, on aperçoit déjà les plumets du corbillard qui se balancent et se perdent, lorsque la place est encore toute encombrée de voitures. On entend les claquements des portières et le trot brusque des chevaux sur le pavé. Pourtant, les cochers prennent la file, le convoi se dirige vers le cimetière.

Dans les voitures, on est à l'aise, on peut croire qu'on se rend au Bois lentement, au milieu de Paris printanier. Comme on n'aperçoit plus le corbillard, on oublie vite l'enterrement; et des conversations s'engagent, les dames parlent de la saison d'été, les hommes causent de leurs affaires.

– Dites donc, ma chère, allez-vous encore à Dieppe, cette année?

– Oui, peut-être. Mais ce ne serait jamais qu'en août... Nous partons samedi pour notre propriété de la Loire.

– Alors, mon cher, il a surpris la lettre, et ils se sont battus, oh! très gentiment, une simple égratignure... Le soir, j'ai dîné avec lui au cercle. Il m'a même gagné vingt-cinq louis.

– N'est-ce pas? la réunion des actionnaires est pour après-demain... On veut me nommer du comité. Je suis si occupé, je ne sais si je pourrai.

Le cortège, depuis un instant, suit une avenue. Une ombre fraîche tombe des arbres, et les gaîtés du soleil chantent dans les verdures. Tout d'un coup, une dame étourdie, qui se penche à une portière, laisse échapper:

– Tiens! c'est charmant par ici!

Justement le convoi entre dans le cimetière Montparnasse. Les voix se taisent, on n'entend plus que le grincement des roues sur le sable des allées. Il faut aller tout au bout, la sépulture des Verteuil est au fond, à gauche: un grand tombeau de marbre blanc, une sorte de chapelle,
74 très ornée de sculptures. On pose le cercueil devant la
75 porte de cette chapelle, et les discours commencent.

fernung, am Ende der Straße, verschwinden die nickenden Federbüsche des Leichenwagens schon beinahe aus dem Blickfeld, als der Platz noch völlig mit Wagen verstopft ist. Man hört Türenschlagen und das harte Antraben der Pferde auf dem Pflaster. Aber zuletzt reihen sich die Kutscher richtig ein; der Zug ist unterwegs zum Friedhof.

In den Wagen ist es sehr gemütlich, man könnte meinen, langsam durchs frühlingshafte Paris zum Bois de Boulogne zu fahren. Da der Leichenwagen nicht mehr zu sehen ist, gerät die Beisetzung rasch in Vergessenheit; Gespräche kommen in Gang, die Damen sprechen von der Sommersaison, die Herren von ihren Angelegenheiten.

«Sagen Sie, Liebe, gehen Sie dieses Jahr wieder nach Dieppe?»

«Ja, vielleicht. Aber keinesfalls vor August... Jetzt fahren wir erst einmal am Samstag auf unseren Besitz an der Loire.»

«Und dann, mein Lieber, hat er den Brief abgefangen, und sie haben sich duelliert, naja, ganz manierlich, nur eine Schramme... Ich habe noch mit ihm im Zirkel zu Abend gegessen. Er hat mir sogar fünfundzwanzig Louisdor im Spiel abgenommen.»

«Es stimmt doch, daß die Aktionärsversammlung übermorgen stattfindet... Man will mich in den Vorstand wählen. Aber ich habe soviel zu tun, ich weiß nicht, ob ich das schaffe.»

Seit einer Weile fährt der Trauerzug eine Allee entlang. Die Bäume spenden kühlen Schatten, und die Sonne macht das Laubwerk beschwingt. Plötzlich rutscht einer leicht zerstreuten Dame, die sich aus der Tür lehnt, die Bemerkung heraus:

«Nein, ist das hier entzückend!»

Das Trauergeleit biegt gerade in den Friedhof Montparnasse ein. Das Plaudern verstummt, man hört nur noch das Knirschen der Räder auf dem Sand der Wege. Man muß den Friedhof ganz durchqueren, die Gruft der Verteuils liegt am Ende links: eine große Grabstätte aus weißem Marmor, eine Art Kapelle, reich mit Skulpturen geschmückt. Der Sarg wird vor dieser Kapelle abgesetzt, und die Reden beginnen.

Il y en a quatre. L'ancien ministre retrace la vie politique du défunt, qu'il présente comme un génie modeste, qui aurait sauvé la France, s'il n'avait pas méprisé l'intrigue. Ensuite, un ami parle des vertus privées de celui que tout le monde pleure.

Puis, un monsieur inconnu prend la parole comme délégué d'une société industrielle dont le comte de Verteuil était président honoraire. Enfin, un petit homme à mine grise dit les regrets de l'Académie des sciences morales et politiques.

Pendant ce temps, les assistants s'intéressent aux tombes voisines, lisent des inscriptions sur les plaques de marbre. Ceux qui tendent l'oreille, attrapent seulement des mots. Un vieillard, aux lèvres pincées, après avoir saisi ce bout de phrase: «... les qualités du cœur, la générosité et la bonté des grands caractères...» hoche le menton, en murmurant:

– Ah bien! oui, je l'ai connu, c'était un chien fini!

Le dernier adieu s'envole dans l'air. Quand les prêtres ont béni le corps, le monde se retire, et il n'y a plus, dans ce coin écarté, que les fossoyeurs qui descendent le cercueil. Les cordes ont un frottement sourd, la bière de chêne craque. M. le comte de Verteuil est chez lui.

Et la comtesse, sur la chaise longue, n'a pas bougé. Elle joue toujours avec le gland de sa ceinture, les yeux au plafond, perdue dans une rêverie, qui, peu à peu, fait monter une rougeur à ses joues de belle blonde.

II

Mme Guérard est veuve. Son mari, qu'elle a perdu depuis huit ans, était magistrat. Elle appartient à la haute bourgeoisie et possède une fortune de deux millions. Elle a trois enfants, trois fils, qui, à la mort de leur père, ont

Vier Reden werden es. Der ehemalige Minister zeichnet das politische Leben des Verstorbenen nach, den er als bescheidenes Genie darstellt, das Frankreich gerettet hätte, wenn es nicht ein Verächter aller Intrigen gewesen wäre. Nach ihm spricht ein Freund von den privaten Tugenden dieses Mannes, um den alle Menschen trauern. Dann ergreift ein unbekannter Herr das Wort als Beauftragter einer Industriefirma, deren Ehrenpräsident Graf de Verteuil gewesen ist. Den Schluß macht ein kleiner Mann mit fahlem Gesicht, der dem Schmerz der Akademie der moralischen und politischen Wissenschaften Ausdruck verleiht.

Unterdessen interessieren sich die Anwesenden für die Nachbargräber und lesen die Inschriften auf den Marmortafeln. Wer hinzuhören versucht, versteht nur einzelne Wörter. Ein alter Mann mit verkniffenen Lippen hört den Teil eines Satzes: «...die Tugenden des Herzens, die Großmut und die Güte eines Menschen von edlem Charakter...» Worauf er mit dem Kinn wackelt und murmelt:

«Naja, ich habe ihn gekannt, er war ein geriebener Bursche!»

Das letzte Lebewohl verfliegt in den Lüften. Nachdem die Priester den Leichnam ausgesegnet haben, verläuft sich die Gesellschaft, und in dieser abgelegenen Ecke bleiben nur die Totengräber, die den Sarg hinunterlassen. Dumpf scheuern die Seile, das Eichenholz des Sarges knackt. Graf de Vertueil ist an seinem Ort.

Die Gräfin hat sich nicht von ihrem Sofa gerührt. Sie spielt noch immer mit ihrer Gürtelquaste, den Blick zur Decke gerichtet, und hängt einem träumerischen Gedanken nach, der die Wangen der blonden Schönheit nach und nach erröten macht.

II

Madame Guérard ist Witwe. Ihr Mann, den sie vor acht Jahren verloren hat, war Richter. Sie gehört zur bürgerlichen Oberschicht und besitzt ein Vermögen von zwei Millionen. Sie hat drei Kinder, drei Söhne, die beim Tode des Vaters jeder fünf-

hérité chacun de cinq cent mille francs. Mais ces fils, dans cette famille sévère, froide et guindée, ont poussé comme des rejetons sauvages, avec des appétits et des fêlures venus on ne sait d'où. En quelques années, ils ont mangé leurs cinq cent mille francs.

L'aîné, Charles, s'est passionné pour la mécanique et a gâché un argent fou en inventions extraordinaires. Le second, Georges, s'est laissé dévorer par les femmes. Le troisième, Maurice, a été volé par un ami, avec lequel il a entrepris de bâtir un théâtre. Aujourd'hui, les trois fils sont à la charge de la mère, qui veut bien les nourrir et les loger, mais qui garde sur elle, par prudence, les clefs des armoires.

Tout ce monde habite un vaste appartement de la rue de Turenne, au Marais. Mme Guérard a soixante-huit ans. Avec l'âge, les manies sont venues. Elle exige, chez elle, une tranquillité et une propreté de cloître. Elle est avare, compte les morceaux de sucre, serre elle-même les bouteilles entamées, donne le linge et la vaisselle au fur et à mesure des besoins du service. Ses fils sans doute l'aiment beaucoup, et elle a gardé sur eux, malgré leurs trente ans et leurs sottises, une autorité absolue. Mais, quand elle se voit seule au milieu de ces trois grands diables, elle a des inquiétudes sourdes, elle craint toujours des demandes d'argent, qu'elle ne saurait comment repousser. Aussi a-t-elle eu soin de mettre sa fortune en propriétés foncières: elle possède trois maisons dans Paris et des terrains du côté de Vincennes. Ces propriétés lui donnent le plus grand mal; seulement, elle est tranquille, elle trouve des excuses pour ne pas donner de grosses sommes à la fois.

Charles, Georges et Maurice, d'ailleurs, grugent la
78 maison le plus qu'ils peuvent. Ils campent là, se dispu-
79 tant les morceaux, se reprochant mutuellement leur grosse

hunderttausend Franken geerbt haben. Aber diese Söhne sind aus der strengen, kühlen, steifen Familie wie wilde Triebe herausgewachsen, mit Gelüsten und Charakterschwächen, deren Ursprung unerklärlich bleibt. In wenigen Jahren haben sie ihre fünfhunderttausend Francs aufgezehrt. Charles, der Älteste, hat sich leidenschaftlich für Maschinen interessiert und unsinnige Summen mit abwegigen Erfindungen vertan. Georges, der Zweite, hat sich von den Frauen ausnehmen lassen. Maurice, der Jüngste, ist von einem Freund, mit dem er den Bau eines Theaters begonnen hat, um sein Geld gebracht worden. Jetzt liegen die drei Söhne ihrer Mutter auf der Tasche, die zwar bereit ist, sie zu ernähren und zu beherbergen, die Schlüssel der Schränke aber vorsichtshalber bei sich trägt.

Alle leben zusammen in einer großen Wohnung in der Rue de Turenne unweit der Place des Vosges. Madame Guérard steht im achtundsechzigsten Lebensjahr. Mit dem Alter sind die Marotten gekommen. Sie verlangt in ihrer Wohnung klösterliche Stille und Sauberkeit. Sie ist geizig, zählt die Zuckerstücke, schließt eigenhändig die angebrochenen Flaschen weg, gibt Wäsche und Geschirr nur entsprechend dem jeweiligen Bedarf des Haushalts aus. Ihre Söhne hängen ohne Zweifel sehr an ihr; obwohl sie über dreißig Jahre alt sind und trotz ihrer dummen Streiche hat die Mutter nach wie vor uneingeschränkte Autorität über sie. Aber wenn sie sich klarmacht, wie allein sie mit diesen drei großen Kerlen ist, bekommt sie es mit einer dumpfen Angst zu tun. Ständig fürchtet sie eine Bitte um Geld, von der sie nicht weiß, wie sie sie abschlagen soll. Deshalb hat sie ihr Vermögen rechtzeitig in Immobilien angelegt: sie besitzt drei Häuser in Paris und Grundstücke draußen bei Vincennes. Das macht ihr viel Kummer und Mühe, aber es ist beruhigend, es liefert ihr Vorwände, keine großen Beträge auf einmal geben zu müssen.

Charles, Georges und Maurice nützen das Haus im übrigen aus, so sehr sie nur können. Sie haben sich dort eingenistet, streiten sich um die besten Brocken und werfen sich gegenseitig ihre

faim. La mort de leur mère les enrichira de nouveau; ils le savent, et le prétexte leur semble suffisant pour attendre sans rien faire. Bien qu'ils n'en causent jamais, leur continuelle préoccupation est de savoir comment le partage aura lieu; s'ils ne s'entendent pas, il faudra vendre, ce qui est toujours une opération ruineuse. Et ils songent à ces choses sans aucun mauvais désir, uniquement parce qu'il faut tout prévoir. Ils sont gais, bons enfants, d'une honnêteté moyenne; comme tout le monde, ils souhaitent que leur mère vive le plus longtemps possible. Elle ne les gêne pas. Ils attendent, voilà tout.

Un soir, en sortant de table, Mme Guérard est prise d'un malaise. Ses fils la forcent de se coucher, et ils la laissent avec sa femme de chambre, lorsqu'elle leur assure qu'elle est mieux, qu'elle a seulement une grosse migraine. Mais, le lendemain, l'état de la vieille dame a empiré, le médecin de la famille, inquiet, demande une consultation. Mme Guérard est en grand danger. Alors, pendant huit jours, un drame se joue autour du lit de la mourante.

Son premier soin, lorsqu'elle s'est vue clouée dans sa chambre par la maladie, a été de se faire donner toutes les clefs et de les cacher sous son oreiller. Elle veut, de son lit, gouverner encore, protéger ses armoires contre le gaspillage. Des luttes se livrent en elle, des doutes la déchirent. Elle ne se décide qu'après de longues hésitations. Ses trois fils sont là, et elle les étudie de ses yeux vagues, elle attend une bonne inspiration.

Un jour, c'est dans Georges qu'elle a confiance. Elle lui fait signe d'approcher, elle lui dit à demi-voix:

– Tiens, voilà la clef du buffet, prends le sucre... Tu refermeras bien et tu me rapporteras la clef.

80 Un autre jour, elle se défie de Georges, elle le suit du
81 regard, dès qu'il bouge, comme si elle craignait de lui

Raffgier vor. Der Tod ihrer Mutter wird sie ein zweites Mal zu reichen Leuten machen; das erscheint ihnen Vorwand genug, um untätig abzuwarten. Sie sprechen zwar nie davon, aber ihre ständige Sorge ist die Frage, wie die Teilung ausgehen mag: wenn sie sich nicht einig werden, muß verkauft werden, was ja immer eine ruinöse Angelegenheit ist. Und sie bedenken das alles ohne jeden häßlichen Wunsch, einfach, weil man auf alles gefaßt sein muß. Sie sind heiter, gutmütig, mittelmäßig ehrlich; wie jeder Mensch hoffen sie, daß ihre Mutter möglichst lange lebt. Sie ist ihnen nicht im Wege. Sie warten, das ist alles.

Eines Abends beim Aufstehen vom Essen wird Madame Guérard von einem Unwohlsein befallen. Ihre Söhne nötigen sie, sich ins Bett zu legen, und lassen sie mit der Kammerfrau allein, als sie ihnen versichert, ihr sei schon besser, sie habe nur eine schwere Migräne. Aber am Tag darauf hat sich der Zustand der alten Dame verschlechtert, der Hausarzt ist beunruhigt und verlangt die Konsultierung eines Kollegen. Madame Guérard ist in großer Gefahr. Damit beginnt das acht Tage währende Drama am Bett der Sterbenden.

Als sie gesehen hat, daß sie von der Krankheit an ihr Zimmer gefesselt sein würde, ist ihre erste Sorge gewesen, sich alle Schlüssel geben zu lassen und sie unters Kopfkissen zu stecken. Sie will noch vom Bett aus regieren, ihre Schränke vor Verschwendung bewahren. Sie ringt mit sich, wird von Zweifeln geplagt. Erst nach langem Zögern trifft sie eine Entscheidung. Ihre drei Söhne sind bei ihr, und sie schaut sie prüfend mit leerem Blick an, wartet auf eine gute Eingebung.

Am einen Tag hat sie zu Georges Vertrauen. Sie macht ihm ein Zeichen, näherzukommen, und sagt mit leiser Stimme zu ihm:

«Schau, da hast du den Schlüssel zum Büfett, nimm den Zukker... Schließ aber wieder zu und bring mir den Schlüssel...»

Am anderen Tag traut sie Georges nicht, folgt ihm mit dem Blick, sobald er sich bewegt, als fürchte sie, er könne unter ihren

voir glisser les bibelots de la cheminée dans ses poches. Elle appelle Charles, lui confie une clef à son tour, en murmurant:

– La femme de chambre va aller avec toi. Tu la regarderas prendre des draps et tu refermeras toi-même.

Dans son agonie, c'est là son supplice: ne plus pouvoir veiller aux dépenses de la maison. Elle se souvient des folies de ses enfants, elle les sait paresseux, gros mangeurs, le crâne fêlé, les mains ouvertes. Depuis longtemps, elle n'a plus d'estime pour eux, qui n'ont réalisé aucun de ses rêves, qui blessent ses habitudes d'économie et de rigidité. L'affection seule surnage et pardonne. Au fond de ses yeux suppliants, on lit qu'elle leur demande en grâce d'attendre qu'elle ne soit plus là, avant de vider ses tiroirs et de se partager son bien. Ce partage, devant elle, serait une torture pour son avarice expirante.

Cependant, Charles, Georges et Maurice se montrent très bons. Il s'entendent de façon à ce qu'un d'eux soit toujours près de leur mère. Une sincère affection paraît dans leurs moindres soins. Mais, forcément, ils apportent avec eux les insouciances du dehors, l'odeur du cigare qu'ils ont fumé, la préoccupation des nouvelles qui courent la ville. Et l'égoïsme de la malade souffre de n'être pas tout pour ses enfants, à son heure dernière. Puis, lorsqu'elle s'affaiblit, ses méfiances mettent une gêne croissante entre les jeunes gens et elle. S'ils ne songeaient pas à la fortune dont ils vont hériter, elle leur donnerait la pensée de cet argent, par la manière dont elle le défend jusqu'au dernier souffle. Elle les regarde d'un air si aigu, avec des craintes si claires, qu'ils détournent la tête. Alors, elle croit qu'ils guettent son agonie; et, en vérité, ils y pensent, ils sont ramenés continuelle-
82 ment à cette idée, par l'interrogation muette de ses
83 regards. C'est elle qui fait pousser en eux la cupidité.

Augen die Nippes vom Kaminsims in die Tasche stecken. Sie ruft nach Charles und vertraut auch ihm einen Schlüssel an, indem sie flüstert:

«Die Kammerfrau geht mit dir. Du paßt auf, während sie die Leintücher herausnimmt, und schließt selber wieder zu.»

Das ist der eigentliche Schrecken ihres Todeskampfs: die Ausgaben des Haushalts nicht mehr überwachen zu können. Sie denkt an die Torheiten ihrer Söhne, sie weiß, sie sind träge, eßlustig, charakterschwach, begehrlich. Seit langem schon hat sie keine Achtung mehr vor ihnen, die keinen ihrer Träume erfüllt haben, die ihre sparsamen, strengen Gewohnheiten mißachten. Nur die Liebe ist geblieben und deckt alles zu. Auf dem Grunde ihrer flehenden Augen steht zu lesen, daß sie nur das eine von ihnen erbittet, zu warten, bis sie nicht mehr da ist, bevor sie ihr die Schubladen ausräumen und sich ihre Habe teilen. Dieser Teilung noch zusehen zu müssen, wäre eine Qual für den Geiz der Sterbenden.

Doch Charles, Georges und Maurice zeigen sich sehr liebevoll. Sie sprechen sich ab, so daß jeweils einer von ihnen bei der Mutter ist. Echte Anteilnahme spricht aus der kleinsten Verrichtung. Aber es ist unvermeidlich, daß sie die Sorglosigkeit von draußen hereintragen, den Geruch der eben gerauchten Zigarre, das Interesse am neuesten Klatsch der Stadt. Und die Selbstsucht der Kranken leidet darunter, in dieser letzten Stunde für ihre Kinder nicht mehr alles zu sein. Und je schwächer sie wird, um so stärker wird die Verlegenheit zwischen den jungen Leuten und ihr. Wenn sie nicht ohnehin an das Vermögen denken würden, das sie erben werden, würde sie ihnen den Gedanken an dieses Geld selber nahelegen durch die Art, wie sie es bis zum letzten Atemzug verteidigt. Sie blickt sie so scharf an, mit so deutlicher Furcht, daß sie den Kopf abwenden. Dann wieder glaubt sie, daß die drei nur auf ihren Todeskampf warten, und sie denken auch wirklich daran, ständig werden sie auf diese Überlegung gestoßen durch die stumme Frage in ihren Blicken.

Quand elle en surprend un rêveur, la face pâle, elle lui dit:

– Viens près de moi... A quoi réfléchis-tu?

– A rien, mère.

Mais il a eu un sursaut. Elle hoche lentement la tête, elle ajoute:

– Je vous donne bien du souci, mes enfants. Allez, ne vous tourmentez pas, je ne serai bientôt plus là.

Ils l'entourent, ils lui jurent qu'ils l'aiment et qu'ils la sauveront. Elle répond que non, d'un signe entêté; elle s'enfonce davantage dans sa défiance. C'est une agonie affreuse, empoisonnée par l'argent.

Il y a déjà eu cinq consultations, on a fait venir les plus grandes célébrités médicales. La femme de chambre aide les fils de madame à la soigner; et, malgré les précautions, un peu de désordre s'est mis dans l'appartement. Tout espoir est perdu, le médecin annonce que, d'une heure à l'autre, la malade peut succomber.

Alors, un matin que ses fils la croient endormie, ils causent entre eux, près d'une fenêtre, d'une difficulté qui se présente. On est au 15 juillet, elle avait l'habitude de toucher elle-même les loyers de ses maisons, et ils sont fort embarrassés, ne sachant comment faire rentrer cet argent. Déjà, les concierges ont demandé des ordres. Dans l'état de faiblesse où elle est, ils ne peuvent lui parler d'affaires. Cependant, si une catastrophe arrivait, ils auraient besoin des loyers, pour parer à certains frais personnels.

– Mon Dieu! dit Charles à demi-voix, je vais, si vous le voulez, me présenter chez les locataires... Ils comprendront la situation, ils paieront.

Mais Georges et Maurice paraissent peu goûter ce moyen. Eux aussi, sont devenus défiants.

84 – Nous pourrions t'accompagner, dit le premier. Nous
85 avons tous les trois des dépenses à faire.

Sie ist es, die in ihnen die Begehrlichkeit weckt. Wenn sie einen ertappt, wie er mit bleicher Miene darüber sinnt, sagt sie zu ihm:

«Komm her zu mir... An was denkst du?»

«An nichts, Mutter.»

Aber er ist zusammengezuckt. Sie nickt bedächtig mit dem Kopf und fährt fort:

«Ich mache euch viel Kummer, liebe Kinder. Laßt nur, quält euch nicht, bald bin ich nicht mehr da.»

Sie umringen sie, schwören ihr, daß sie sie liebhaben und sie retten werden. Sie verneint das mit starrköpfiger Gebärde und verbohrt sich noch mehr in ihr Mißtrauen. Ein schreckliches, vom Geld vergiftetes Sterben.

Fünf Ärzte sind schon konsultiert worden, die berühmtesten Namen der Medizin hat man zugezogen. Die Kammerfrau hilft den Söhnen der Gnädigen Frau bei der Pflege, aber trotz aller Bemühungen ist die Wohnung ein wenig unordentlich geworden. Schließlich ist keine Hoffnung mehr; der Arzt verkündet, die Kranke könne von einer Stunde auf die andere sterben.

Da geschieht es, daß die Söhne, die sie schlafend wähnen, am Fenster eine Schwierigkeit besprechen, die sich ergeben hat. Es ist der 15. Juli, gewöhnlich ging sie selber die Miete in ihren Häusern kassieren, und nun sind sie unschlüssig, weil sie nicht wissen, wie sie dieses Geld hereinbekommen sollen. Die Hausmeister haben schon um Anweisungen gebeten. In ihrem Schwächezustand kann man nicht über Geschäftliches mit ihr sprechen. Aber wenn es zum Schlimmsten kommt, brauchen sie die Mieten, um etliche private Kosten zu bestreiten.

«Meine Güte», sagt Charles leise, «wenn ihr einverstanden seid, gehe ich eben hin und stelle mich den Mietern vor... Sie werden Verständnis für diese Lage haben und zahlen.»

Aber Georges und Maurice scheinen das Verfahren nicht recht zu billigen. Auch sie sind mißtrauisch geworden.

«Wir könnten dich begleiten», sagt Georges. «Wir haben ja alle drei Ausgaben abzudecken.»

– Eh bien! je vous remettrai l'argent... Vous ne me croyez pas capable de me sauver avec, bien sûr!

– Non, mais il est bon que nous soyons ensemble. Ce sera plus régulier.

Et ils se regardent, avec des yeux où luisent déjà les colères et les rancunes du partage. La succession est ouverte, chacun veut s'assurer la part la plus large. Charles reprend brusquement, en continuant tout haut les réflexions que ses frères font tout bas:

– Ecoutez, nous vendrons, ça vaudra mieux... Si nous nous querellons aujourd'hui, nous nous mangerons demain.

Mais un râle leur fait vivement tourner la tête. Leur mère s'est soulevée, blanche, les yeux hagards, le corps secoué d'un frisson. Elle a entendu, elle tend ses bras maigres, elle répète d'une voix épouvantée:

– Mes enfants... mes enfants...

Et une convulsion la rejette sur l'oreiller, elle meurt dans la pensée abominable que ses fils la volent.

Tous les trois, terrifiés, sont tombés à genoux devant le lit. Ils baisent les mains de la morte, ils lui ferment les yeux avec des sanglots. A ce moment, leur enfance leur revient au cœur, et ils ne sont plus que des orphelins. Mais cette mort affreuse reste au fond d'eux, comme un remords et comme une haine.

La toilette de la morte est faite par la femme de chambre. On envoie chercher une religieuse pour veiller le corps. Pendant ce temps, les trois fils sont en course; ils vont déclarer le décès, commander les lettres de faire part, régler la cérémonie funèbre. La nuit, ils se relaient et veillent chacun à son tour avec la religieuse. Dans la chambre, dont les rideaux sont tirés, la morte est restée
86 étendue au milieu du lit, la tête raide, les mains croisées,
87 un crucifix d'argent sur la poitrine. A côté d'elle, brûle

«Hört mal, ich bringe euch doch das Geld... Ihr traut mir ja wohl nicht zu, daß ich damit durchbrenne!»

«Nein, aber es wäre gut, wenn wir zusammen gingen. Das ist ordentlicher.»

Und sie sehen sich an mit Blicken, aus denen schon der wütende Groll des Teilens spricht. Das Erben beginnt, jeder will sich den größten Anteil sichern. Charles setzt noch einmal an und spricht die Gedankenfolge aus, die seine Brüder nur bei sich selber anstellen:

«Wißt ihr, am besten verkaufen wir... Wenn wir uns heute schon streiten, bringen wir uns morgen gegenseitig um.»

Aber ein Röcheln läßt sie sich rasch umwenden. Ihre Mutter hat sich aufgerichtet, bleich, mit verstörtem Blick, der Leib von einem Schauer geschüttelt. Sie hat alles gehört, sie streckt ihre mageren Arme aus und sagt immer wieder mit entsetzter Stimme:

«Liebe Kinder... Liebe Kinder...»

Ein Krampf wirft sie aufs Kissen zurück, und sie stirbt mit dem furchtbaren Gedanken, daß ihre Söhne sie bestehlen.

Alle drei sind vor Schrecken neben dem Bett in die Knie gesunken. Sie küssen die Hand der Toten, sie drücken ihr schluchzend die Augen zu. In diesem Moment sind sie im Herzen wieder Kinder, sie fühlen sich wie verlassene Waisen. Aber dieser gräßliche Tod bleibt ihnen so auf der Seele wie eine Reue oder wie ein Haß.

Die Totenwäsche übernimmt die Kammerfrau. Man schickt nach einer Nonne für die Wache bei der Verstorbenen. Unterdessen sind die drei Söhne unterwegs: sie zeigen den Sterbefall an, bestellen die Todesanzeigen, regeln die Bestattungsfeierlichkeiten. In der Nacht lösen sie sich ab und wachen jeder einmal zusammen mit der frommen Schwester. Im Zimmer, dessen Vorhänge zugezogen sind, liegt die Tote nach wie vor auf ihrem Bett, genau in der Mitte, mit starrer Kopfhaltung und gefalteten Händen, ein silbernes Kruzifix auf der Brust. Neben ihr brennt

un cierge. Un brin de buis trempe au bord d'un vase plein d'eau bénite. Et la veillée s'achève dans le frisson du matin. La religieuse demande du lait chaud, parce qu'elle n'est pas à son aise.

Une heure avant le convoi, l'escalier s'emplit de monde. La porte cochère est tendue de draperies noires, à frange d'argent. C'est là que le cercueil est exposé, comme au fond d'une étroite chapelle, entouré de cierges, recouvert de couronnes et de bouquets. Chaque personne qui entre prend un goupillon dans un bénitier, au pied de la bière, et asperge le corps. A onze heures, le convoi se met en marche. Les fils de la défunte conduisent le deuil. Derrière eux, on reconnaît des magistrats, quelques grands industriels, toute une bourgeoisie grave et importante, qui marche à pas comptés, avec des regards obliques sur les curieux arrêtés de long des trottoirs. Il y a, au bout du cortège, douze voitures de deuil. On les compte, on les remarque beaucoup dans le quartier.

Cependant, les assistants s'apitoyent sur Charles, Georges et Maurice, en habit, gantés de noir, qui marchent derrière le cercueil, la tête basse, le visage rougi de larmes. Du reste, il n'y a qu'un cri: ils enterrent leur mère d'une façon très convenable. Le corbillard est de troisième classe, on calcule qu'ils en auront pour plusieurs milliers de francs. Un vieux notaire dit avec en fin sourire:

– Si Mme Guérard avait payé elle-même son convoi, elle aurait économisé six voitures.

A l'église, la porte est tendue, les orgues jouent, l'absoute est donnée par le curé de la paroisse. Puis, quand les assistants ont défilé devant le corps, ils trouvent à l'entrée de la nef les trois fils rangés sur une seule file, placés là pour recevoir les poignées de main des assistants
88 qui ne peuvent aller jusqu'au cimetière. Pendant dix
89 minutes, ils ont le bras tendu, ils serrent des mains sans

eine Kerze. Ein Buchszweig taucht vom Rand eines Gefäßes ins Weihwasser. Fröstelnd geht am Morgen die Totenwache zu Ende. Die Schwester bittet um heiße Milch, weil ihr nicht wohl ist.

Eine Stunde vor dem Abgang des Leichenzuges füllt sich der Treppenaufgang mit Menschen. Rings um das Haustor sind schwarze Tücher mit silbernen Fransen angebracht. Dort wird der Sarg aufgestellt, wie in der Tiefe einer engen Kapelle, umgeben mit Kerzen, bedeckt mit Kränzen und Sträußen. Jeder Eintretende nimmt den Wedel aus dem Weihwasserbecken zu Füßen des Sarges und besprengt den Leichnam. Um elf Uhr setzt sich der Zug in Bewegung. Die Söhne der Verstorbenen führen ihn an. Unter den Trauergästen, die ihnen folgen, erkennt man Richter, einige Großindustrielle, ein ganzes ernsthaftes und gewichtiges Bürgertum, das mit verstohlenen Blicken auf die am Rande des Bürgersteiges stehenbleibenden Gaffer gemessenen Schrittes dahinzieht. Am Ende des Zuges rollen zwölf Trauerwagen. Man zählt sie, denn so etwas wird genau registriert im Viertel.

Vor allem aber haben die Augenzeugen Mitleid mit Charles, Georges und Maurice, die im Frack und mit schwarzen Handschuhen hinter dem Sarg schreiten, den Kopf gesenkt, das Gesicht von Tränen gerötet. Die Reaktion ist ohnehin einhellig: sie begraben ihre Mutter auf höchst anständige Weise. Ein Leichenbegängnis Dritter Klasse, wenn man das nachrechnet, kommt man auf mehrere tausend Francs. Ein alter Notar sagt mit verschmitztem Lächeln:

«Wenn Madame Guérard ihren Leichenzug selber bezahlt hätte, hätte sie sechs Wagen weniger genommen.»

In der Kirche ist die Tür verkleidet, die Orgel spielt, das Requiem hält der Gemeindepfarrer. Als dann alle an der Verstorbenen vorbeidefiliert sind, finden sie an der Eingangsseite des Kirchenschiffs die drei Söhne nebeneinander aufgestellt, um den Händedruck der Anwesenden entgegenzunehmen, die nicht zum Friedhof mitgehen können. Zehn Minuten lang strecken sie ihren Arm hin, geben Leuten die Hand, die sie nicht einmal wie-

même reconnaître les gens, mordant leurs lèvres, rentrant leurs larmes. Et c'est un grand soulagement pour eux, lorsque l'église est vide et qu'ils reprennent leur marche lente derrière le corbillard.

Le caveau de famille des Guérard est au cimetière du Père-Lachaise. Beaucoup de personnes restent à pied, d'autres montent dans les voitures de deuil. Le cortège traverse la place de la Bastille et suit la rue de la Roquette. Des passants lèvent les yeux, se découvrent. C'est un convoi riche, que les ouvriers de ce quartier populeux regardent passer, en mangeant des saucisses dans des morceaux de pain fendus.

En arrivant au cimetière, le convoi tourne à gauche et se trouve tout de suite devant le tombeau: un petit monument, une chapelle gothique, qui porte sur son fronton ces mots gravés en noir: *Famille Guérard*. La porte en fonte découpée, grande ouverte, laisse apercevoir la table d'un autel, où des cierges brûlent. Autour du monument, d'autres constructions dans le même goût s'alignent et forment des rues; on dirait la devanture d'un marchand de meubles, avec des armoires, des commodes, des secrétaires, fraîchement terminés et rangés symétriquement à l'étalage. Les assistants sont distraits, occupés de cette architecture, cherchant un peu d'ombre sous les arbres de l'allée voisine. Une dame s'est éloignée pour admirer un rosier magnifique, un bouquet fleuri et odorant, qui a poussé sur une tombe.

Cependant, le cercueil a été descendu. Un prêtre dit les dernières prières, tandis que les fossoyeurs, en veste bleue, attendent à quelques pas. Les trois fils sanglotent, les yeux fixés sur le caveau béant, dont on a enlevé la dalle; c'est là, dans cette ombre fraîche, qu'ils viendront
90 dormir à leur tour. Des amis les emmènent, quand les
91 fossoyeurs s'approchent.

dererkennen, beißen sich auf die Lippen und unterdrücken ihre Tränen. Es ist eine große Erleichterung für sie, als die Kirche endlich leer ist und sie wieder langsam hinter dem Leichenwagen hergehen.

Die Familiengruft der Guérards befindet sich auf dem Friedhof Père-Lachaise. Viele gehen zu Fuß weiter mit, andere steigen in die Trauerwagen. Der Zug überquert die Place de la Bastille und geht dann weiter durch die Rue de la Roquette. Passanten blicken auf und entblößen das Haupt. Ein vornehmer Trauerzug ist das, den sich die Arbeiter dieses Armeleuteviertels im Vorbeiziehen ansehen, während sie Würste in aufgeschnittenen Brotstücken essen.

Beim Eintreffen auf dem Friedhof wendet der Zug nach links und befindet sich sogleich vor der Gruft: ein kleines Mausoleum in Form einer gotischen Kapelle, auf deren Giebel in schwarz die Worte *Famille Guérard* eingehauen sind. Durch die weit geöffnete Tür aus durchbrochenem Gußeisen kann man einen Altartisch erkennen, auf dem Kerzen brennen. Rings um dieses Grabmal reihen sich Bauten im gleichen Geschmack und bilden ganze Straßen; man meint vor der Auslage eines Möbelgeschäfts zu stehen mit Schränken, Kommoden, Sekretären, alle eben erst angefertigt und im Schaufenster schön gleichmäßig angeordnet. Die Trauergäste werden von dieser aufdringlichen Architektur abgelenkt; sie suchen unter den Bäumen der nahen Allee ein wenig Schatten. Eine Dame hat sich entfernt, um einen prächtigen Rosenstock zu bewundern, ein blühendes, duftendes Bukett, das auf einem der Gräber wächst.

Unterdessen hat man den Sarg hinabgelassen. Ein Priester spricht die letzten Gebete, während die Totengräber in blauer Jacke ein paar Schritte abseits warten.

Die drei Söhne starren schluchzend in die offene Gruft, von der man die Deckplatte entfernt hat: dort in dem kühlen Dunkel werden sie auch einmal ruhen. Freunde führen sie weg, als die Totengräber nähertreten.

Et, deux jours plus tard, chez le notaire de leur mère, ils discutent, les dents serrées, les yeux secs, avec un emportement d'ennemis décidés à ne pas céder sur un centime. Leur intérêt serait d'attendre, de ne pas hâter la vente des propriétés. Mais ils se jettent leurs vérités à la face: Charles mangerait tout avec ses inventions; Georges doit avoir quelque fille qui le plume; Maurice est certainement encore dans une spéculation folle, où il engloutirait leurs capitaux. Vainement, le notaire essaye de leur faire conclure un arrangement à l'amiable. Ils se séparent, en menaçant de s'envoyer du papier timbré.

C'est la morte qui se réveille en eux, avec son avarice et ses terreurs d'être volée. Quand l'argent empoisonne la mort, il ne sort de la mort que de la colère. On se bat sur les cercueils.

III

M. Rousseau s'est marié à vingt ans avec une orpheline, Adèle Lemercier, qui en avait dix-huit. A eux deux, ils possédaient soixante-dix francs, le soir de leur entrée en ménage. Ils ont d'abord vendu du papier à lettre et des bâtons de cire à cacheter, sous une porte cochère. Puis, ils ont loué un trou, une boutique large comme la main, dans laquelle ils sont restés dix ans à élargir petit à petit leur commerce. Maintenant, ils possèdent un magasin de papeterie, rue de Clichy, qui vaut bien une cinquantaine de mille francs.

Adèle n'est pas d'une forte santé. Elle a toujours toussé un peu. L'air enfermé de la boutique, l'immobilité du comptoir, ne lui valent rien. Un médecin qu'ils ont con-
92 sulté, lui a recommandé le repos et les promenades par
93 les beaux temps. Mais ce sont là des ordonnances qu'on

Zwei Tage später sitzen sie beim Notar ihrer Mutter und streiten verbissen und trockenen Auges, wild erregt wie Feinde, die entschlossen sind, nicht um einen Centime zurückzuweichen. Es läge in ihrem Interesse, abzuwarten, den Verkauf der Immobilien nicht zu überstürzen. Aber sie schreien sich die Wahrheit ins Gesicht: Charles wird alles mit seinen Erfindungen vergeuden, Georges hat bestimmt irgendein Flittchen, das ihn ausnimmt, Maurice steckt sicher gerade wieder in einer verrückten Spekulation, bei der er ihr gemeinsames Kapital verspielen würde. Ohne Erfolg versucht der Notar sie zum Abschluß einer freiwilligen Vereinbarung zu bewegen. Sie gehen auseinander und drohen damit, sich Zahlungsbefehle ins Haus zu schicken.

Die Tote ist in ihnen auferstanden – mit ihrem Geiz und ihrer Angst, bestohlen zu werden. Wenn das Geld den Tod vergiftet, entsteht nur Zorn aus dem Tod. Man bekämpft einander auf den Särgen.

III

Monsieur Rousseau hat, als er zwanzig Jahre alt war, Adèle Lemercier geheiratet, ein achtzehnjähriges Waisenmädchen. Zusammen besaßen sie an dem Abend, da sie ihren Hausstand begründeten, siebzig Francs. Zunächst haben sie in einem Hauseingang Briefpapier und Briefverschlußmarken verkauft. Dann haben sie ein finsteres Loch, einen handbreiten Laden gemietet, in dem sie zehn Jahre lang geblieben sind und nach und nach ihren Handel ausgeweitet haben. Jetzt besitzen sie ein Schreibwarengeschäft in der Rue de Clichy, das gut und gern seine fünfzigtausend Francs wert ist.

Adèle ist kein kräftiger, gesunder Mensch. Sie hat von jeher ein wenig gehustet. Die stickige Luft im Geschäft, der Bewegungsmangel hinter dem Ladentisch tun ihr nicht gut. Ein Arzt, den sie konsultiert haben, hat ihr Ruhe und bei schönem Wetter Spaziergänge empfohlen. Aber das sind so Rezepte, die man nicht

ne peut suivre, quand on veut vite amasser de petites rentes, pour les manger en paix. Adèle dit qu'elle se reposera, qu'elle se promènera plus tard, lorsqu'ils auront vendu et qu'ils se seront retirés en province.

M. Rousseau, lui, s'inquiète bien, les jours où il la voit pâle, avec des taches rouges sur les joues. Seulement, il a sa papeterie qui l'absorbe, il ne saurait être sans cesse derrière elle, à l'empêcher de commettre des imprudences. Pendant des semaines, il ne trouve pas une minute pour lui parler de sa santé.

Puis, s'il vient à entendre sa petite toux sèche, il se fâche, il la force à mettre son châle et à faire un tour avec lui aux Champs-Elysées. Mais elle rentre plus fatiguée, toussant davantage; les tracas du commerce reprennent M. Rousseau; la maladie est de nouveau oubliée, jusqu'à une nouvelle crise. C'est ainsi dans le commerce: on y meurt, sans avoir le temps de se soigner.

Un jour, M. Rousseau prend le médecin à part et lui demande franchement si sa femme est en danger. Le médecin commence par dire qu'on doit compter sur la nature, qu'il a vu des gens beaucoup plus malades se tirer d'affaire. Puis, pressé de questions, il confesse que Mme Rousseau est phtisique, même à un degré assez avancé. Le mari est devenu blême, en entendant cet aveu. Il aime Adèle pour le long effort qu'ils ont fait ensemble, avant de manger du pain blanc tous les jours. Il n'a pas seulement en elle une femme, il a aussi un associé, dont il connaît l'activité et l'intelligence. S'il la perd, il sera frappé à la fois dans son affection et dans son commerce. Cependant, il faut du courage, il ne peut fermer sa boutique pour pleurer à son aise. Alors, il ne laisse rien voir,
94 il tâche de ne pas effrayer Adèle en lui montrant des yeux
95 rouges. Il reprend son train-train. Au bout d'un mois,

befolgen kann, wenn man es rasch zu einer Rente bringen will, um sie in Frieden zu verzehren. Adèle erklärt, sie werde sich später Ruhe gönnen und spazierengehen, wenn sie den Laden verkauft und sich in die Provinz zurückgezogen haben werden.

Monsieur Rousseau macht sich trotzdem Sorgen, wenn er an manchen Tagen ihre Blässe und die roten Flecken auf ihren Wangen sieht. Nur nimmt ihn sein Schreibwarengeschäft in Anspruch, er kann nicht dauernd hinter ihr her sein, damit sie nicht unvorsichtig ist und sich übernimmt. Wochenlang findet er nicht eine Minute, um mit ihr über ihre Gesundheit zu sprechen. Dann wieder, wenn ihm ihr trockenes Hüsteln gerade auffällt, wird er böse, zwingt sie, ihr Umschlagtuch zu nehmen und mit ihm einen Gang zu den Champs-Elysées zu machen. Aber beim Heimkommen ist sie noch matter, hustet noch mehr. Die Sorgen um den Laden nehmen Herrn Rousseau wieder gefangen, die Krankheit ist vergessen bis zur nächsten Krise. So ist das im Geschäftsleben: man stirbt, ohne die Zeit gefunden zu haben, etwas für sich zu tun.

Eines Tages nimmt Monsieur Rousseau den Arzt auf die Seite und erkundigt sich ganz offen, ob seine Frau in Gefahr sei. Der Arzt meint zwar erst, man müsse der Natur etwas zutrauen, er habe schon viel kränkere Leute davonkommen sehen, aber auf drängende Fragen gibt er zu, Madame Rousseau sei schwindsüchtig, sogar in recht fortgeschrittenem Stadium. Der Ehemann ist bei diesem Eingeständnis blaß geworden. Er liebt Adèle um der langen Mühsal willen, die sie beide auf sich genommen haben, bevor sie täglich Weißbrot essen konnten. Er hat an ihr nicht nur eine Frau, sondern eine Teilhaberin, er kennt ihren Fleiß und ihre Umsicht. Verliert er sie, so trifft das zugleich seine Liebe und sein Geschäft. Dennoch heißt es durchhalten, er kann nicht den Laden zumachen, um sich auszuweinen. Also läßt er sich nichts anmerken, bemüht sich, Adèle nicht zu erschrecken, indem er ihr rotgeweinte Augen zeigt. Er geht seiner Alltagsarbeit nach, und schon einen Monat später redet er sich, wenn

quand il pense à ces choses tristes, il finit par se persuader que les médecins se trompent souvent. Sa femme n'a pas l'air plus malade. Et il en arrive à la voir mourir lentement, sans trop souffrir lui-même, distrait par ses occupations, s'attendant à une catastrophe, mais la reculant dans un avenir illimité.

Adèle répète parfois:

– Ah! quand nous serons à la campagne, tu verras comme je me porterai!... Mon Dieu! il n'y a plus que huit ans à attendre. Ça passera vite.

Et M. Rousseau ne songe pas qu'ils pourraient se retirer tout de suite, avec de plus petites économies. Adèle ne voudrait pas d'abord. Quand on s'est fixé un chiffre, on doit l'atteindre.

Pourtant, deux fois déjà, Mme Rousseau a dû prendre le lit. Elle s'est relevée, est redescendue au comptoir. Les voisins disent: «Voilà une petite femme qui n'ira pas loin». Et ils ne se trompent pas. Juste au moment de l'inventaire, elle reprend le lit une troisième fois. Le médecin vient le matin, cause avec elle, signe une ordonnance d'une main distraite. M. Rousseau, prévenu, sait que le fatal dénouement approche. Mais l'inventaire le tient en bas, dans la boutique, et c'est à peine s'il peut s'échapper cinq minutes, de temps à autre. Il monte, quand le médecin est là; puis, il s'en va avec lui et reparaît un instant avant le déjeuner; il se couche a onze heures, au fond d'un cabinet, où il a fait mettre un lit de sangles. C'est la bonne, Françoise, qui soigne la malade. Une terrible fille, cette Françoise, une Auvergnate aux grosses mains brutales, d'une politesse et d'une propreté douteuses! Elle bouscule la mourante, lui apporte ses potions d'un air maussade, fait un bruit intolérable en
96 balayant la chambre, qu'elle laisse dans un grand dé-
97 sordre; des fioles toutes poissées traînent sur la commode,

er an diese traurige Angelegenheit denkt, immer leichter ein, daß sich die Ärzte doch oft irren. Seine Frau wirkt nicht besonders krank, und er bringt es dahin, daß er sie hüsteln sieht, ohne selber allzusehr zu leiden, abgelenkt durch seine Tätigkeit; gewiß, er ist auf das Schlimmste gefaßt, schiebt es aber in eine unendlich ferne Zukunft.

Adèle sagt immer wieder einmal:

«Ach, wenn wir erst auf dem Lande wohnen, wirst du schon sehen, wie gut es mir geht!... Mein Gott, nur noch acht Jahre müssen wir warten, die vergehen schnell.»

Und Monsieur Rousseau kommt nicht auf den Gedanken, sie könnten mit geringeren Ersparnissen jetzt gleich aufgeben. Adèle würde es auch selber nicht wollen. Wenn man sich einen Betrag vorgenommen hat, muß man ihn erreichen.

Immerhin hat Madame Rousseau nun schon zweimal das Bett hüten müssen. Sie ist jeweils wieder aufgestanden und an den Ladentisch hinuntergegangen. Die Nachbarn sagen: «Na, die kleine Frau macht es auch nicht mehr lange.» Und sie täuschen sich nicht. Ausgerechnet während der Inventur legt sie sich ein drittes Mal. Am Morgen kommt der Arzt, plaudert mit ihr, stellt ein Rezept aus, ohne bei der Sache zu sein. Monsieur Rousseau, der gewarnt ist, weiß, daß der tödliche Ausgang bevorsteht. Aber unten im Laden ist Inventur, er kann sich kaum von Zeit zu Zeit für fünf Minuten freimachen. Er steigt mit hinauf, wenn der Arzt kommt, geht dann mit ihm wieder und erscheint noch einmal für einen Augenblick vor dem Mittagessen. Um elf Uhr geht er schlafen, verkriecht sich in einer Kammer, wo er ein Gurtbett hat aufstellen lassen. Françoise, das Dienstmädchen, pflegt die Kranke. Ein schreckliches Ding, diese Françoise aus der Auvergne mit ihren plumpen Händen, ihrer sehr zweifelhaften Höflichkeit und Sauberkeit! Sie geht grob um mit der Kranken, bringt ihr die Medikamente mit mürrischer Miene, macht einen unerträglichen Lärm beim Aufräumen des Zimmers, das sie völlig verkommen läßt: klebrige Fläschchen stehen auf der Kom-

les cuvettes ne sont jamais lavées, les torchons pendent aux dossiers des chaises; on ne sait plus où mettre le pied, tant le carreau est encombré. Mme Rousseau, cependant, ne se plaint pas et se contente de donner des coups de poing contre le mur, lorsqu'elle appelle la bonne et que celle-ci ne veut pas répondre. Françoise n'a pas qu'à la soigner; il faut, en bas, qu'elle tienne la boutique propre, qu'elle fasse la cuisine pour le patron et les employés, sans compter les courses dans le quartier et les autres besognes imprévues. Aussi madame ne peut-elle exiger de l'avoir toujours auprès d'elle. On la soigne quand on a le temps.

D'ailleurs, même dans son lit, Adèle s'occupe de son commerce. Elle suit la vente, demande chaque soir comment ça marche. L'inventaire l'inquiète. Dès que son mari peut monter quelques minutes, elle ne lui parle jamais de sa santé, elle le questionne uniquement sur les bénéfices probables. C'est un grand chagrin pour elle d'apprendre que l'année est médiocre, quatorze cents francs de moins que l'année précédente. Quand la fièvre la brûle, elle se souvient encore sur l'oreiller des commandes de la dernière semaine, elle débrouille des comptes, elle dirige la maison. Et c'est elle qui renvoie son mari, s'il s'oublie dans la chambre. Ça ne la guérit pas qu'il soit là, et ça compromet les affaires. Elle est sûre que les commis regardent passer le monde, elle lui répète:

– Descends, mon ami, je n'ai besoin de rien, je t'assure. Et n'oublie pas de t'approvisionner de registres, parce que voilà la rentrée des classes, et que nous en manquerions.

Longtemps, elle s'abuse sur son véritable état. Elle espère toujours se lever le lendemain et reprendre sa place au comptoir. Elle fait même des projets: si elle
98 peut sortir bientôt, ils iront passer un dimanche à Saint-
99 Cloud. Jamais elle n'a eu un si gros désir de voir des

mode herum, die Waschschüsseln werden nie gesäubert, Tücher hängen über die Stuhllehnen, man weiß nicht, wo man hintreten soll, so viel liegt herum. Doch Madame Rousseau beklagt sich nicht, sie gibt sich damit zufrieden, mit der Faust gegen die Wand zu klopfen, wenn sie das Mädchen ruft und keine Antwort bekommt.

Françoise hat ja nicht nur sie zu pflegen; sie muß den Laden unten sauberhalten, muß für den Chef und die Angestellten kochen, ganz zu schweigen von den Besorgungen im Viertel und anderen, unvorhergesehenen Pflichten. Da kann die gnädige Frau nicht verlangen, daß sie immer bei ihr ist. Man versorgt sie, wenn man Zeit dazu findet.

Außerdem kümmert sich Adèle sogar vom Bett aus um ihr Geschäft. Sie verfolgt den Umsatz, fragt jeden Abend, wie es läuft. Die Inventur beunruhigt sie. Sobald ihr Mann für ein paar Minuten heraufkommen kann, spricht sie mit ihm niemals von ihrer Gesundheit, sondern fragt ihn nur nach dem voraussichtlichen Gewinn aus. Es betrübt sie sehr, daß dieses Jahr allenfalls mittelmäßig ist, vierzehnhundert Francs weniger als im Vorjahr. Wenn sie vom Fieber verzehrt wird, erinnert sie sich auf ihrem Kissen noch an die Bestellungen der letzten Woche, rechnet die Posten auseinander, leitet den Laden. Sie ist es, die ihren Mann hinunterschickt, wenn er zu lange in ihrem Zimmer verweilt. Davon wird sie nicht gesund, daß er bei ihr ist, und das Geschäft leidet. Sie ist sicher, daß die Angestellten auf die Straße gaffen, und sagt immer wieder:

«Geh hinunter, Lieber, mir fehlt es an nichts, wirklich nicht. Und vergiß nicht Eintragehefte nachzubestellen, jetzt ist bald Schulanfang, da könnten sie uns ausgehen.»

Lange täuscht sie sich über ihren wirklichen Zustand. Sie hofft immer noch, morgen könne sie aufstehen und ihren Platz am Ladentisch wieder einnehmen. Sie schmiedet sogar Pläne: wenn sie bald hinausgehen darf, werden sie einen Sonntag draußen in Saint-Cloud verbringen. Noch nie hat sie sich so danach gesehnt,

arbres. Puis, tout d'un coup, un matin, elle devient grave. Dans la nuit, toute seule, les yeux ouverts, elle a compris qu'elle allait mourir. Elle ne dit rien jusqu'au soir, réfléchit, les regards au plafond. Et, le soir, elle retient son mari, elle cause tranquillement, comme si elle lui soumettait une facture.

– Ecoute, dit-elle, tu iras chercher demain un notaire. Il y a un près d'ici, rue Saint-Lazare.

– Pourquoi un notaire? s'écrie M. Rousseau, nous n'en sommes pas là, bien sûr!

Mais elle reprend de son air calme et raisonnable:

– Possible! Seulement, cela me tranquillisera, de savoir nos affaires en ordre... Nous nous sommes mariés sous le régime de la communauté, quand nous ne possédions rien ni l'un ni l'autre. Aujourd'hui que nous avons gagné quelques sous, je ne veux pas que ma famille puisse venir te dépouiller... Ma sœur Agathe n'est pas si gentille pour que je lui laisse quelque chose. J'aimerais mieux tout emporter avec moi.

Et elle s'entête, il faut que son mari aille le lendemain chercher le notaire. Elle questionne ce dernier longuement, désirant que les précautions soient bien prises et qu'il n'y ait pas de contestations. Quand le testament est fait et que le notaire est parti, elle s'allonge, en murmurant:

– Maintenant, je mourrai contente... J'avais bien gagné d'aller à la campagne, je ne peux pas dire que je ne regrette pas la campagne. Mais, tu iras, toi... Promets-moi de te retirer dans l'endroit que nous avions choisi, tu sais, le village où ta mère est née, près de Melun... Ça me fera plaisir.

M. Rousseau pleure à chaudes larmes. Elle le console, lui donne de bons conseils. S'il s'ennuie tout seul, il
100 aura raison de se remarier; seulement, il devra choisir
101 une femme un peu âgée, parce que les jeunes filles qui

Bäume sehen zu dürfen. Eines Morgens dann wird sie plötzlich schwermütig. In der Nacht ist sie sich, allein mit offenen Augen daliegend, klargeworden, daß sie sterben muß. Bis zum Abend sagt sie nichts, starrt an die Decke und denkt nach. Am Abend dann hält sie ihren Mann zurück. Sie spricht in aller Ruhe mit ihm, als lege sie ihm eine Rechnung vor.

«Hör zu», sagt sie, «morgen holst du einen Notar. Es gibt einen ganz in der Nähe, in der Rue Saint-Lazare.»

«Einen Notar? Wozu?» ruft Monsieur Rousseau aus. «Davon kann doch wahrhaftig keine Rede sein!»

Aber sie fährt in ihrer sanften, vernünftigen Art fort:

«Mag sein. Aber für mich ist es beruhigend, wenn das Geschäftliche in Ordnung ist... Wir haben in Gütergemeinschaft geheiratet, als keiner von uns etwas besaß. Heute haben wir ein paar Sous verdient, ich möchte nicht, daß meine Verwandten kommen und dich ausnehmen... So nett ist meine Schwester Agathe nicht, daß ich ihr etwas hinterlassen will. Da würde ich lieber alles mitnehmen.»

Und sie versteift sich darauf; am nächsten Tag muß ihr Mann den Notar holen. Lange fragt sie ihn aus, denn sie wünscht, daß alle Vorsichtsmaßregeln getroffen werden und jede Anfechtung ausgeschlossen ist. Als das Testament errichtet ist und der Notar sich entfernt hat, streckt sie sich aus und sagt leise:

«Jetzt kann ich ruhig sterben... Ich hatte es mir wirklich verdient, aufs Land zu ziehen, ich kann nicht sagen, daß es mir nicht leid tut darum. Aber du, du mußt gehen... Versprich mir, daß du später in das Dorf ziehst, das wir ausgesucht haben, du weißt schon, wo deine Mutter geboren ist, bei Melun... Mach mir die Freude.»

Monsieur Rousseau weint heiße Tränen. Sie tröstet ihn, gibt ihm gute Ratschläge. Wenn es ihm allein zu trübsinnig ist, würde er gut daran tun, wieder zu heiraten, aber eine schon etwas ältere Frau soll er sich suchen, denn Mädchen, die einen Witwer hei-

épousent des veufs, épousent leur argent. Et elle lui indique une dame de leur connaissance, avec laquelle elle serait heureuse de le savoir.

Puis, la nuit même, elle a une agonie affreuse. Elle étouffe, demande de l'air. Françoise s'est endormie sur une chaise. M. Rousseau, debout au chevet du lit, ne peut que prendre la main de la mourante et la serrer, pour lui dire qu'il est là, qu'il ne la quitte pas. Le matin, tout d'un coup, elle éprouve un grand calme; elle est très blanche, les yeux fermés, respirant lentement. Son mari croit pouvoir descendre avec Françoise, pour ouvrir la boutique. Quand il remonte, il trouve sa femme toujours très blanche, raidie dans la même attitude; seulement, ses yeux se sont ouverts. Elle est morte.

Depuis trop longtemps, M. Rousseau s'attendait à la perdre. Il ne pleure pas, il est simplement écrasé de lassitude. Il redescend, regarde Françoise remettre les volets de la boutique; et, lui-même, il écrit sur une feuille de papier: *«Fermé pour cause de décès»;* puis, il colle cette feuille sur le volet du milieu, avec quatre pains à cacheter. En haut, toute la matinée est employée à nettoyer et à disposer la chambre. Françoise passe un torchon par terre, fait disparaître les fioles, met près de la morte un cierge allumé et une tasse d'eau bénite; car on attend la sœur d'Adèle, cette Agathe qui a une langue de serpent, et la bonne ne veut pas qu'on puisse l'accuser de mal tenir le ménage.

M. Rousseau a envoyé un commis remplir les formalités nécessaires. Lui, se vend à l'église et discute longuement le tarif des convois. Ce n'est pas parce qu'il a du chagrin qu'on doit le voler. Il aimait bien sa femme, et, si elle peut encore le voir, il est certain
102 qu'il lui fait plaisir, en marchandant les curés et les
103 employés des pompes funèbres. Cependant, il veut, pour

raten, heiraten nur sein Geld. Und sie nennt ihm eine Dame aus ihrer Bekanntschaft: sie wäre glücklich, ihn mit ihr zusammen zu wissen.

Noch in derselben Nacht kommt ihre schreckliche Agonie. Sie erstickt, ruft nach Luft. Françoise ist auf einem Stuhl eingeschlafen. Monsieur Rousseau steht am Kopfende des Bettes. Er kann der Sterbenden nur die Hand halten und drücken, um ihr zu bedeuten, daß er da ist, daß er sie nicht verläßt. Am Morgen kommt plötzlich eine große Ruhe über sie; sie liegt sehr bleich mit geschlossenen Augen langsam atmend da. Der Mann glaubt, mit Françoise hinuntergehen zu können, um den Laden zu öffnen. Als er wieder hinaufkommt, findet er seine Frau nach wie vor sehr bleich, starr in der gleichen Haltung, nur ihre Augen sind offen. Sie ist gestorben.

Zu lange schon hat sich Monsieur Rousseau darauf eingestellt, sie zu verlieren. Er weint nicht, er ist nur erschlagen vor Müdigkeit. Er geht hinunter und schaut zu, wie Françoise die Fensterläden des Geschäfts wieder schließt; er selber schreibt auf ein Blatt Papier *Wegen Todesfall geschlossen* und klebt das Blatt mit vier Briefverschlußmarken auf den mittleren Fensterladen. Oben geht der ganze Vormittag damit hin, das Zimmer zu putzen und herzurichten. Françoise wischt den Boden feucht auf, beseitigt die Fläschchen, stellt eine brennende Kerze und eine Tasse mit Weihwasser neben die Tote; denn sie erwarten Adèles Schwester, die bewußte Agathe mit der spitzen Zunge, und das Dienstmädchen will sich nicht vorwerfen lassen, daß sie den Haushalt schlecht besorgt. Monsieur Rousseau hat einem Angestellten die Erledigung der notwendigen Formalitäten aufgetragen. Er selber begibt sich zur Kirche und verhandelt lange über die Preise der Beisetzungsfeierlichkeiten. Daß er trauert, ist kein Grund, sich bestehlen zu lassen. Er hat seine Frau liebgehabt, und er weiß, wenn sie ihn noch sehen könnte, würde sie sich freuen, daß er da mit den Pfarrern und den Angestellten des Bestattungsunternehmens feilscht. Aber vor dem Stadtviertel legt

le quartier, que l'enterrement soit convenable. Enfin, il tombe d'accord, il donnera cent soixante francs à l'église et trois cents francs aux pompes funèbres. Il estime qu'avec les petits frais, il n'en sera pas quitte à moins de cinq cents francs.

Quand M. Rousseau rentre chez lui, il aperçoit Agathe, sa belle-sœur, installée près de la morte. Agathe est une grande personne sèche, aux yeux rouges, aux lèvres bleuâtres et minces. Depuis trois ans, le ménage était brouillé avec elle et ne la voyait plus. Elle se lève cérémonieusement, puis embrasse son beau-frère. Devant la mort, toutes les querelles finissent. M. Rousseau qui n'a pu pleurer, le matin, sanglote alors, en retrouvant sa pauvre femme blanche et raide, le nez pincé davantage, la face si diminuée, qu'il la reconnaît à peine. Agathe reste les yeux secs. Elle a pris le meilleur fauteuil, elle promène lentement ses regards dans la chambre, comme si elle dressait un inventaire minutieux des meubles qui la garnissent. Jusque-là, elle n'a pas soulevé la question des intérêts, mais il est visible qu'elle est très anxieuse et qu'elle doit se demander s'il existe un testament.

Le matin des obsèques, au moment de la mise en bière, il arrive que les pompes funèbres se sont trompées et ont envoyé un cercueil trop court. Les croque-morts doivent aller en chercher un autre. Cependant, le corbillard attend devant la porte, le quartier est en révolution. C'est là une nouvelle torture pour M. Rousseau. Si encore ça ressuscitait sa femme, de la garder si longtemps! Enfin, on descend la pauvre Mme Rousseau, et le cercueil ne reste exposé que dix minutes en bas, sous la porte, tendue de noir. Une centaine de personnes attendent dans la rue, des commerçants du quartier, les locataires de la
 maison, les amis du ménage, quelques ouvriers en pale-
 tot. Le cortège part, M. Rousseau conduit le deuil.

er doch Wert auf eine schickliche Beerdigung. Endlich erklärt er sich einverstanden; er wird der Kirche einhundertsechzig Francs und dem Bestattungsunternehmen dreihundert Francs zahlen. Nach seiner Schätzung kommt er einschließlich Nebenkosten nicht unter fünfhundert Francs weg.

Als Monsieur Rousseau heimkommt, findet er seine Schwägerin Agathe bei der Verstorbenen sitzen. Agathe ist eine große, hagere Frau mit geröteten Augen und bläulichen, schmalen Lippen. Seit drei Jahren hat sich das Ehepaar mit ihr überworfen und nicht mehr mit ihr verkehrt. Sie erhebt sich feierlich und umarmt ihren Schwager. Im Angesicht des Todes hat jeder Streit ein Ende. Monsieur Rousseau, der am Morgen nicht weinen konnte, schluchzt jetzt, wie er seine arme Frau weiß und steif, mit noch spitzerer Nase und so eingefallenem Gesicht daliegen sieht, daß er sie kaum wiedererkennt. Agathes Augen bleiben trocken. Sie hat sich auf den besten Sessel gesetzt und läßt ihre Blicke langsam durchs Zimmer schweifen, als mache sie genau Inventur von allen Möbeln, die da stehen. Bislang hat sie die Frage ihrer Ansprüche nicht angeschnitten, aber man sieht, daß sie sehr beunruhigt ist und offenbar überlegt, ob wohl ein Testament da ist.

Am Morgen der Beerdigung, als die Tote in den Sarg gelegt werden soll, stellt man fest, daß sich das Bestattungsunternehmen geirrt und einen zu kurzen Sarg geschickt hat. Die Träger müssen einen anderen holen. Solange wartet der Leichenwagen vor der Tür, das Viertel gerät in Aufregung. Für Monsieur Rousseau ist das eine Qual mehr. Ja, wenn es seine Frau lebendig machen könnte, sie noch länger dazubehalten! Endlich wird die arme Madame Rousseau heruntergetragen, und der Sarg wird zehn Minuten in der schwarz verhängten Hauseinfahrt ausgestellt. An die hundert Menschen warten auf der Straße, Geschäftsleute aus der Gegend, die Mieter aus dem Hause, die Freunde der Eheleute, ein paar Arbeiter in Joppen. Der Trauerzug bricht auf, Monsieur Rousseau geht an der Spitze.

Et, sur le passage du convoi, les voisines font un signe de croix rapide, en parlant à voix basse. C'est la papetière, n'est-ce pas? cette petite femme si jaune, qui n'avait plus que la peau et les os. Ah bien! elle sera mieux dans la terre! Ce que c'est que de nous pourtant! des commerçants très à leur aise, qui travaillaient pour prendre du plaisir sur leurs vieux jours! Elle va en prendre maintenant, du plaisir, la papetière! Et les voisines trouvent M. Rousseau très bien, parce qu'il marche derrière le corbillard, tête nue, tout seul, pâle et ses rares cheveux envolés dans le vent.

En quarante minutes, à l'église, les prêtres bâclent la cérémonie. Agathe, qui s'est assise au premier rang, semble compter les cierges allumés. Sans doute, elle pense que son beau-frère aurait pu y mettre moins d'ostentation; car, enfin, s'il n'y a pas de testament et qu'elle hérite de la moitié de la fortune, elle devra payer sa part du convoi. Les prêtres disent une dernière oraison, le goupillon passe de main en main, et l'on sort. Presque tout le monde s'en va. On a fait avancer les trois voitures de deuil, dans lesquelles des dames sont montées. Derrière le corbillard, il ne reste que M. Rousseau, toujours tête nue, et une trentaine de personnes; les amis qui n'osent s'esquiver. Le corbillard est simplement orné d'une draperie noire à frange blanche. Les passants se découvrent et filent vite.

Comme M. Rousseau n'a pas de tombeau de famille, il a simplement pris une concession de cinq ans au cimetière Montmartre, en se promettant d'acheter plus tard une concession à perpétuité, et d'exhumer sa femme, pour l'installer définitivement chez elle.

Le corbillard s'arrête au bout d'une allée, et l'on
106 porte à bras le cercueil parmi des tombes basses, jusqu'a
107 une fosse, creusée dans la terre molle. Les assistants

Während das Leichenbegängnis an ihnen vorüberzieht, schlagen die Nachbarinnen flüchtig ein Kreuz, indem sie miteinander flüstern. Das ist die Besitzerin des Schreibwarenladens, nicht wahr? Die kleine Frau mit dem gelblichen Teint, nur noch Haut und Knochen war sie. Naja, der ist auch wohler unter der Erde! Ach, was ist das für ein Leben! So gut betuchte Geschäftsleute, die sich abgerackert haben, um sich im Alter schöne Tage zu machen. Schöne Tage wird sie jetzt nicht haben, trotz ihre Ladens! Und die Nachbarinnen finden Monsieur Rousseau sehr sympathisch, wie er da hinter dem Leichenwagen geht, barhäuptig, ganz allein, blaß, seine wenigen Haare vom Wind zerzaust.

In der Kirche machen die Priester die Zeremonie in vierzig Minuten ab. Agathe, die in der ersten Reihe sitzt, zählt offenbar die brennenden Kerzen. Gewiß meint sie, ihr Schwager hätte weniger Aufwand treiben können, denn letzten Endes, wenn kein Testament da ist und sie das halbe Vermögen erbt, muß sie ihren Anteil an der Bestattung zahlen. Die Priester sprechen ein letztes Gebet, der Weihwedel geht von Hand zu Hand, man verläßt die Kirche. Fast alle gehen nach Hause.

Drei Trauerwagen sind vorgefahren, in die einige Damen eingestiegen sind. Hinter dem Leichenwagen gehen mit dem nach wie vor barhäuptigen Monsieur Rousseau nur noch etwa dreißig Personen; seine Freunde trauen sich nicht wegzugehen. Der Behang des Leichenwagens besteht nur aus schwarzem Tuch mit weißen Fransen. Die Passanten ziehen den Hut und gehen rasch weiter.

Da Monsieur Rousseau kein Familiengrab besitzt, hat er auf dem Friedhof Montmartre nur einen Begräbnisplatz auf fünf Jahre genommen. Er beabsichtigt, später ein Erbbegräbnis zu erwerben und seine Frau exhumieren zu lassen, damit sie eine eigene, endgültige Ruhestätte hat.

Der Leichenwagen hält am Ende einer Allee, und der Sarg wird von den Trägern zwischen niedrigen Gedenksteinen hindurch zu einem im weichen Erdreich ausgehobenen Grab gebracht. Die An-

piétinent, silencieux. Puis, le prêtre se retire, après avoir mâché vingt paroles entre ses dents. De tous côtés s'étendent des petits jardins fermés de grilles, des sépultures garnies de giroflées et d'arbres verts; les pierres blanches, au milieu de ces verdures, semblent toutes neuves et toutes gaies. M. Rousseau est très frappé par la vue d'un monument, une colonne mince, surmontée de l'urne symbolique. Le matin, un marbrier est venu le tourmenter avec des plans. Et il songe que, lorsqu'il achètera une concession à perpétuité, il fera mettre, sur la tombe de sa femme, une colonne pareille, avec ce joli vase.

Cependant, Agathe l'emmène, et de retour à la boutique, elle se décide enfin à parler intérêts. Quand elle apprend qu'il existe un testament, elle se lève toute droite, elle s'en va, en faisant claquer la porte. Jamais elle ne remettra les pieds dans cette baraque. M. Rousseau a toujours, par moments, un gros chagrin qui l'étrangle; mais ce qui le rend bête surtout, la tête perdue et les membres inquiets, c'est que le magasin soit fermé, un jour de semaine.

IV

Janvier a été dur. Pas de travail, pas de pain et pas de feu à la maison. Les Morisseau ont crevé la misère. La femme est blanchisseuse, le mari est maçon. Ils habitent aux Batignolles, rue Cardinet, dans une maison noire, qui empoisonne le quartier. Leur chambre, au cinquième, est si délabrée, que la pluie entre par les fentes du plafond. Encore ne se plaindraient-ils pas, si leur petit Charlot, un gamin de dix ans, n'avait besoin d'une bonne
108 nourriture pour devenir un homme.

109 L'enfant est chétif, un rien le met sur le flanc. Lorsqu'il

wesenden treten leise auf der Stelle. Dann zieht sich der Priester, nachdem er ein paar Dutzend Wörter durch die Zähne gemurmelt hat, zurück. Rings umher erblickt man kleine, von einem Gitter umschlossene Gärten, mit Levkojen und Nadelbäumen geschmückte Gräber. Die weißen Steine wirken zwischen all dem Grün wie neu, geradezu heiter. Besonders beeindruckt ist Monsieur Rousseau vom Anblick eines Denkmals in der Form einer schlanken Säule mit einer symbolischen Urne darauf. Heute morgen noch hat ihn ein Steinmetz mit Musterzeichnungen belästigt. Jetzt malt er sich aus, daß er seiner Frau nach dem Kauf des Erbbegräbnisses so eine Säule mit solch einem hübschen Gefäß aufs Grab setzen wird.

Aber Agathe führt ihn weg, und als sie wieder im Laden sind, entschließt sie sich endlich, von Geschäften zu sprechen. Wie sie hört, daß ein Testament da ist, erhebt sie sich zu voller Länge und geht. Die Tür schlägt sie zu. Nie wieder wird sie einen Fuß in dieses elende Loch setzen. Monsieur Rousseau spürt, wie ihm von Zeit zu Zeit ein großer Kummer die Kehle zuschnürt, aber was ihn vor allem gänzlich verstört, so daß er mit leerem Kopf und zitternden Gliedern dasitzt, ist die Tatsache, daß der Laden an einem Werktag geschlossen ist.

IV

Der Januar ist hart gewesen. Keine Arbeit, kein Brot, kein Feuer im Ofen. Familie Morisseau ist im Elend fast umgekommen. Die Frau ist Wäscherin, der Mann Maurer. Sie wohnen im Pariser Norden in der Rue Cardinet in einem rußschwarzen Haus, das die Gegend verschandelt. Ihr Zimmer im fünften Stock ist so heruntergekommen, daß der Regen durch die Ritzen der Decke tropft. Aber sie würden nicht einmal klagen, wenn sie nicht ihren Charlot hätten, einen Jungen von zehn Jahren, der richtig essen muß, um groß zu werden.

Das Kind ist schwächlich, jede Kleinigkeit wirft es um. Als

allait à l'école, s'il s'appliquait en voulant tout apprendre d'un coup, il revenait malade. Avec ça, très intelligent, un crapaud trop gentil, qui a une conversation au-dessus de son âge. Les jours où ils n'ont pas de pain à lui donner, les parents pleurent comme des bêtes. D'autant plus que les enfants meurent ainsi que des mouches du haut en bas de la maison, tant c'est malsain.

On casse la glace dans les rues. Même le père a pu se faire embaucher; il déblaie les ruisseaux à coups de pioche, et le soir il rapporte quarante sous. En attendant que la bâtisse reprenne, c'est toujours de quoi ne pas mourir de faim.

Mais, un jour, l'homme en rentrant trouve Charlot couché. La mère ne sait ce qu'il a. Elle l'avait envoyé à Courcelles, chez sa tante, qui est fripière, voir s'il ne trouverait pas une veste plus chaude que sa blouse de toile, dans laquelle il grelotte. Sa tante n'avait que de vieux paletots d'homme trop larges, et le petit est rentré tout frissonnant, l'air ivre, comme s'il avait bu. Maintenant, il est très rouge sur l'oreiller, il dit des bêtises, il croit qu'il joue aux billes et il chante des chansons.

La mère a pendu un lambeau de châle devant la fenêtre, pour boucher un carreau cassé; en haut, il ne reste que deux vitres libres, qui laissent pénétrer le gris livide du ciel. La misère a vidé la commode, tout le linge est au Mont-de-Piété. Un soir, on a vendu une table et deux chaises. Charlot couchait par terre; mais, depuis qu'il est malade, on lui a donné le lit, et encore y est-il très mal, car on a porté poignée à poignée la laine du matelas chez une brocanteuse, des demi-livres à la fois, pour quatre ou cinq sous. A cette heure, ce sont le père et la mère qui couchent dans un coin, sur une paillasse dont les
110 chiens ne voudraient pas.

111 Cependant, tous deux regardent Charlot sauter dans

Charlot noch zur Schule ging, kam er prompt krank nach Hause, wenn er sich anstrengte, alles gleich zu begreifen. Dabei hochintelligent, ein eher zu freundliches Kerlchen, das sich erwachsener ausdrückt, als es seinem Alter entspräche. An Tagen, da die Eltern ihm kein Brot geben können, heulen sie wie Tiere; um so mehr, als die Kinder im ganzen Haus sterben wie die Fliegen, so ungesund ist es.

Auf den Straßen wird das Eis weggepickelt. Der Vater hat dort Arbeit gefunden; er schlägt mit der Hacke Rinnsteine frei und bringt abends zwei Francs nach Hause. Solange die Baustellen noch nicht wieder anfangen, ist das jedenfalls genug, um nicht zu verhungern.

Eines Tages aber findet der Mann beim Heimkommen Charlot im Bett. Die Mutter weiß nicht, was ihm fehlt. Sie hat ihn zur Tante, die einen Trödelladen hat, in den nahen Vorort Courcelles geschickt, ob sie nicht eine Jacke hat, die wärmer ist als der Leinenkittel, in dem er schlottert. Die Tante hat nur alte, zu große Männerjoppen gehabt, und der Kleine ist ganz zitternd und geistesabwesend heimgekommen, als hätte er getrunken. Jetzt liegt er hochrot auf seinem Kissen und phantasiert, bildet sich ein, er spiele mit Murmeln, und singt Lieder.

Die Mutter hat die Reste eines Umschlagtuchs vor das Fenster gehängt, um eine zerbrochene Scheibe zu ersetzen; nur oben sind noch zwei Glasfelder frei, die das fahle Grau des Himmels hereinlassen. Die Armut hat die Kommode geleert; alle Wäsche ist im Leihhaus. Eines Abends haben sie einen Tisch und zwei Stühle verkauft. Charlot hat auf dem Boden geschlafen, aber seit er krank ist, hat er das Bett bekommen; auch dort liegt er sehr schlecht, weil sie die Matratzenwolle Handvoll für Handvoll zur Altwarenhändlerin getragen haben, jeweils ein halbes Pfund für zwanzig oder fünfundzwanzig Centimes. Jetzt schlafen die Eltern in der Zimmerecke auf einem Strohsack, mit dem nicht einmal ein Hund zufrieden wäre.

Und beide beobachten Charlot, wie es ihn im Bett schüttelt.

le lit. Qu'a-t-il donc, ce mioche, à battre la campagne? Peut-être bien qu'une bête l'a mordu ou qu'on lui a fait boire quelque chose de mauvais.

Une voisine, Mme Bonnet, est entrée; et, après avoir flairé le petit, elle prétend que c'est un froid et chaud. Elle s'y connaît, elle a perdu son mari dans une maladie pareille.

La mère pleure en serrant Charlot entre ses bras. Le père sort comme un fou et court chercher un médecin. Il en ramène un, très grand, l'air pincé, qui écoute dans le dos de l'enfant, lui tape sur la poitrine, sans dire une parole. Puis, il faut que Mme Bonnet aille prendre chez elle un crayon et du papier, pour qu'il puisse écrire son ordonnance. Quand il se retire, toujours muet, la mère l'interroge d'une voix étranglée:

– Qu'est-ce que c'est, monsieur?

– Une pleurésie, répond-il d'un ton bref, sans explication.

Puis, il demande à son tour:

– Etes-vous inscrits au bureau de bienfaisance?

– Non, monsieur... Nous étions à notre aise, l'été dernier. C'est l'hiver qui nous a tués.

– Tant pis! tant pis!

Et il promet de revenir. Mme Bonnet prête vingt sous pour aller chez le pharmacien. Avec les quarante sous de Morisseau, on a acheté deux livres de bœuf, du charbon de terre et de la chandelle. Cette première nuit se passe bien. On entretient le feu. Le malade, comme endormi par la grosse chaleur, ne cause plus. Ses petites mains brûlent. En le voyant écrasé sous la fièvre, les parents se tranquillisent; et, le lendemain, ils restent hébétés, repris d'épouvante, lorsque le médecin hoche la tête devant le lit, avec la grimace d'un homme qui n'a plus d'espoir.

Was hat er denn, der Kleine, daß er so dummes Zeug redet? Vielleicht hat ihn irgendetwas gebissen, oder man hat ihm etwas Ungesundes zu trinken gegeben? Madame Bonnet, eine Nachbarin, ist hereingekommen. Nachdem sie das Kind beschnuppert hat, behauptet sie, daß sei die hitzige Kälte, und sie muß es wissen, denn sie hat ihren Mann durch so eine Krankheit eingebüßt.

Die Mutter schließt Charlot weinend in die Arme. Der Vater rennt wie ein Verrückter weg, um einen Arzt zu holen, und er bringt auch einen, sehr groß und mit verkniffenem Ausdruck, der dem Kind den Rücken abhorcht und ihm auf die Brust klopft, ohne ein Wort zu sagen. Dann muß Madame Bonnet aus ihrer Wohnung Bleistift und Papier holen, damit er sein Rezept schreiben kann. Als er sich, weiterhin schweigend, zum Gehen wendet, fragt ihn die Mutter mit erstickter Stimme:

«Was hat er denn, Herr Doktor?»

«Eine Rippenfellentzündung», antwortete er trocken, ohne Erklärung.

Dann stellt er seinerseits eine Frage:

«Sind Sie bei der Fürsorge eingetragen?»

«Nein, Herr Doktor ... Es ging uns gut letzten Sommer. Der Winter hat uns heruntergebracht.»

«Schlimm, schlimm!»

Und er verspricht wiederzukommen. Madame Bonnet leiht ihnen einen Franc für die Apotheke. Mit den zwei Francs, die Morisseau heimgebracht hat, haben sie zwei Pfund Rindfleisch, Steinkohle und Kerzen gekauft. Diese erste Nacht geht gut herum. Sie lassen den Ofen durchbrennen. Der Kranke spricht nicht mehr, als habe ihn die starke Wärme schläfrig gemacht. Seine kleinen Hände glühen. Wie sie ihn so fiebermatt daliegen sehen, beruhigen sich die Eltern, doch um so mehr verstört und von neuem Schrecken befallen sind sie, als der Arzt am nächsten Tag am Bett den Kopf schüttelt mit dem Ausdruck eines Mannes, der die Hoffnung aufgibt.

Pendant cinq jours, aucun changement ne se produit. Charlot dort, assommé sur l'oreiller. Dans la chambre, la misère qui souffle plus fort, semble entrer avec le vent, par les trous de la toiture et de la fenêtre. Le deuxième soir, on a vendu la dernière chemise de la mère; le troisième, il a fallu retirer encore des poignées de laine, sous le malade, pour payer le pharmacien. Puis, tout a manqué, il n'y a plus rien eu.

Morisseau casse toujours la glace; seulement, ses quarante sous ne suffisent pas. Comme ce froid rigoureux peut tuer Charlot, il souhaite le dégel, tout en le redoutant. Quand il part au travail, il est heureux de voir les rues blanches; puis, il songe au petit qui agonise là-haut, et il demande ardemment un rayon de soleil, une tiédeur de printemps balayant la neige. S'ils étaient seulement inscrits au bureau de bienfaisance, ils auraient le médecin et les remèdes pour rien. La mère s'est présentée à la mairie, mais on lui a répondu que les demandes étaient trop nombreuses, qu'elle devait attendre. Pourtant, elle a obtenu quelques bons de pain; une dame charitable lui a donné cinq francs. Ensuite, la misère a recommencé.

Le cinquième jour, Morisseau apporte sa dernière pièce de quarante sous. Le dégel est venu, on l'a remercié. Alors, c'est la fin de tout: le poêle reste froid, le pain manque, on ne descend plus les ordonnances chez le pharmacien. Dans la chambre ruisselante d'humidité, le père et la mère grelottent, en face du petit qui râle. Mme Bonnet n'entre plus les voir, parce qu'elle est sensible et que ça lui fait trop de peine. Les gens de la maison passent vite devant leur porte. Par moments, la mère, prise d'une crise de larmes, se jette sur le lit, embrasse
114 l'enfant, comme pour le soulager et le guérir. Le père,
115 imbécile, reste des heures devant la fenêtre, soulevant

Fünf Tage lang tritt keine Veränderung ein. Charlot schläft wie betäubt auf seinem Kissen. Durch das Zimmer weht mehr denn je der Hauch des Elends, scheint mit dem Wind durch die Löcher in Dach und Fenstern einzudringen. Am zweiten Abend haben sie Mutters letztes Hemd verkauft, am dritten mußten sie weitere Hände voll Wolle unter dem Kranken herausziehen, um den Apotheker zu bezahlen. Von dann an fehlte es an allem, es war nichts mehr da.

Morisseau pickelt nach wie vor Eis, aber die zwei Francs reichen nicht. Weil der scharfe Frost Charlot das Leben kosten kann, hofft er auf Tauwetter, so sehr er es fürchtet. Wenn er zur Arbeit geht, ist er glücklich über die weißen Straßen, aber dann denkt er an den Kleinen, der da oben im Sterben liegt, und wünscht inbrünstig einen Sonnenstrahl, ein wenig Frühlingswärme herbei, die den Schnee wegschafft.

Wenn sie jedenfalls bei der Fürsorge eingetragen wären, dann hätten sie den Arzt und die Medikamente umsonst. Die Mutter ist aufs Rathaus gegangen, aber man hat ihr erklärt, es seien zu viele Anwärter da, sie müsse warten. Immerhin hat sie ein paar Brotgutscheine bekommen, und eine mildtätige Dame hat ihr fünf Francs geschenkt. Dann ist das Elend weitergegangen.

Am fünften Tag bringt Morisseau sein letztes Zwei-Francs-Stück heim. Das Tauwetter ist da, man hat ihn entlassen. Und damit ist alles aus: der Ofen bleibt kalt, es ist kein Brot da, niemand geht mehr mit Rezepten zur Apotheke. In dem triefend feuchten Zimmer zittern Vater und Mutter vor Kälte bei ihrem röchelnden Kind. Madame Bonnet schaut nicht mehr herein, weil sie zu zartfühlend ist; der Anblick erschüttert sie zu sehr. Die Hausbewohner gehen rasch an der Tür vorbei. Gelegentlich wird die Mutter von Tränen überwältigt; sie wirft sich über das Bett, nimmt das Kind in die Arme, als könne sie ihm damit Linderung oder Heilung verschaffen. Der Vater steht stundenlang verloren am Fenster, hebt das alte Umschlagtuch und schaut

le vieux châle, regardant le dégel ruisseler, l'eau tomber des toits, à grosses gouttes, et noircir la rue. Peut-être ça fait-il du bien à Charlot.

Un matin, le médecin déclare qu'il ne reviendra pas. L'enfant est perdu.

– C'est ce temps humide qui l'a achevé, dit-il.

Morisseau montre le poing au ciel. Tous les temps font donc crever le pauvre monde! Il gelait, et cela ne valait rien; il dégèle, et cela est pis encore. Si la femme voulait, ils allumeraient un boisseau de charbon, ils s'en iraient tous les trois ensemble. Ce serait plus vite fini.

Pourtant, la mère est retournée à la mairie; on a promis de leur envoyer des secours, et ils attendent. Quelle affreuse journée! Un froid noir tombe du plafond; dans un coin, la pluie coule; il faut mettre un seau, pour recevoir les gouttes. Depuis la veille, ils n'ont rien mangé, l'enfant a bu seulement une tasse de tisane, que la concierge a montée. Le père, assis devant la table, la tête dans les mains, demeure stupide, les oreilles bourdonnantes. A chaque bruit de pas, la mère court à la porte, croit que ce sont enfin les secours promis. Six heures sonnent, rien n'est venu. Le crépuscule est boueux, lent et sinistre comme une agonie.

Brusquement, dans la nuit qui augmente, Charlot balbutie des paroles entrecoupées:

– Maman... maman...

La mère s'approche, reçoit au visage un souffle fort. Et elle n'entend plus rien; elle distingue vaguement l'enfant, la tête renversée, le cou raidi. Elle crie, affolée, suppliante:

– De la lumière! vite, de la lumière!... Mon Charlot, parle-moi!

Il n'y a plus de chandelle. Dans sa hâte, elle frotte des
116 allumettes, les casse entre ses doigts. Puis, de ses mains
117 tremblantes, elle tâte le visage de l'enfant.

zu, wie das Tauwasser rieselt, in dicken Tropfen von den Dächern rinnt und die Straße schwarz färbt. Vielleicht ist das gut für Charlot.

Eines Vormittags erklärt der Arzt, er komme nun nicht mehr. Das Kind sei verloren.

«Das feuchte Wetter hat ihm den Rest gegeben», sagt er.

Morisseau ballt die Faust zum Himmel hinauf. Jedes Wetter also läßt die armen Leute krepieren! Erst war Frost, und das war nicht gut; jetzt ist Tauwetter, und das ist noch schlimmer. Wenn die Frau einverstanden wäre, könnten sie einen Haufen Kohlen anzünden und alle drei diese Welt verlassen. Je eher, desto besser.

Aber die Mutter ist noch einmal aufs Rathaus gegangen; man hat versprochen, ihnen Hilfe zukommen zu lassen, und nun warten sie. Was für ein schrecklicher Tag. Durch die Decke dringt die trübe Kälte, in einer Ecke läuft der Regen durch; sie müssen einen Eimer hinstellen, um die Tropfen aufzufangen. Seit gestern haben sie nichts gegessen, das Kind hat nur eine Tasse Kräutertee getrunken, den die Hausmeisterin heraufgebracht hat. Der Vater, den Kopf in den Händen, hockt stumpf am Tisch, die Ohren sausen ihm. Bei jedem Geräusch von Schritten läuft die Mutter an die Tür und meint, es sei endlich die versprochene Hilfe. Es schlägt sechs, niemand ist gekommen. Die Dämmerung fällt ein, schmutzig, langsam und düster wie der Tod.

Plötzlich stammelt Charlot abgerissene Worte in die beginnende Dunkelheit:

«Mama... Mama...»

Die Mutter stürzt hin, spürt einen starken Atemzug auf ihrem Gesicht. Und dann hört sie nichts mehr, erkennt nur undeutlich das Kind mit zurückgeworfenem Kopf und starrem Hals. Verzweifelt flehend ruft sie:

«Licht! Schnell, Licht!... Charlot, sag doch was!»

Es ist keine Kerze mehr da. In ihrer Hast reißt sie Zündhölzer an, die ihr zwischen den Fingern zerbrechen. Dann betastet sie mit zitternden Händen das Gesicht des Kindes.

– Ah! mon Dieu! il est mort!... Dis donc, Morisseau, il est mort!

Le père lève la tête, aveuglé par les ténèbres.

– Eh bien! que veux-tu? il est mort... Ça vaut mieux.

Aux sanglots de la mère, Mme Bonnet s'est décidée à paraître avec sa lampe. Alors, comme les deux femmes arrangent proprement Charlot, on frappe: ce sont les secours qui arrivent, dix francs, des bons de pain et de viande. Morisseau rit d'un air imbécile, en disant qu'ils manquent toujours le train, au bureau de bienfaisance.

Et quel pauvre cadavre d'enfant, maigre, léger comme une plume! On aurait couché sur le matelas un moineau tué par la neige et ramassé dans la rue, qu'il ne ferait pas un tas plus petit.

Pourtant, Mme Bonnet, qui est redevenue très obligeante, explique que ça ne ressuscitera pas Charlot, de jeûner à côté de lui. Elle offre d'aller chercher du pain et de la viande, en ajoutant qu'elle rapportera aussi de la chandelle. Ils la laissent faire. Quand elle rentre, elle met la table, sert des saucisses toutes chaudes. Et les Morisseau, affamés, mangent gloutonnement près du mort, dont on aperçoit dans l'ombre la petite figure blanche. Le poêle ronfle, on est très bien. Par moments, les yeux de la mère se mouillent. De grosses larmes tombent sur son pain. Comme Charlot aurait chaud! comme il mangerait volontiers de la saucisse!

Mme Bonnet veut veiller à toute force. Vers une heure, lorsque Morisseau a fini par s'endormir, la tête posée sur le pied du lit, les deux femmes font du café. Une autre voisine, une couturière de dix-huit ans, est invitée; et elle apporte un fond de bouteille d'eau-de-vie, pour payer quelque chose. Alors, les trois femmes boivent leur café
118 à petits coups, en parlant tout bas, en se contant des his-
119 toires de morts extraordinaires; peu à peu, leurs voix

«Oh mein Gott! Er ist tot! ... Hörst du, Morisseau, er ist tot!»

Der Vater hebt den Kopf, sieht nichts im Halbdunkel.

«Na schön. Was willst du denn. Ist er eben tot ... Um so besser für ihn.»

Auf das Schluchzen der Mutter hin hat sich Madame Bonnet dazu durchgerungen, mit ihrer Lampe zu erscheinen. Und nun, während die beiden Frauen Charlot ordentlich betten, klopft es: die Unterstützung kommt, zehn Francs, Gutscheine für Brot und Fleisch. Morisseau lacht wie von Sinnen und erklärt, bei der Fürsorge verpaßten sie doch grundsätzlich den Zug.

Was ist das für ein kläglicher Kinderleichnam, dünn und leicht wie eine Feder! Hätte man einen im Schnee verendeten Spatz von der Straße aufgehoben und auf die Matratze gelegt, würde er auch nicht weniger Platz wegnehmen.

Aber Madame Bonnet, die ihre alte Gefälligkeit wiedergefunden hat, erklärt, das mache Charlot auch nicht wieder lebendig, wenn man neben ihm fastet. Sie erbietet sich, Brot und Fleisch zu holen, und setzt hinzu, sie werde auch Kerzen mitbringen. Sie lassen sie gewähren. Als sie wieder da ist, deckt sie den Tisch, trägt heiße Würste auf. Und das ausgehungerte Ehepaar Morisseau ißt gierig neben dem Toten, dessen kleine bleiche Gestalt im Halbdunkel nur zu ahnen ist. Der Ofen bullert, gut geht es ihnen. Von Zeit zu Zeit werden der Mutter die Augen naß. Die Tränen fallen ihr aufs Brot. Wie schön warm wäre es jetzt für Charlot, wie gerne würde er von der Wurst essen!

Madame Bonnet will unbedingt Totenwache halten. Gegen ein Uhr, als Morisseau schließlich mit dem Kopf auf dem Fußende des Bettes eingeschlafen ist, machen die beiden Frauen Kaffee. Eine weitere Nachbarin, eine achtzehnjährige Näherin, wird dazugebeten; sie bringt den Rest einer Flasche Branntwein mit, um auch etwas beizusteuern. So trinken die drei Frauen denn leise plaudernd in kleinen Schlucken ihren Kaffee, erzählen Geschichten von absonderlichen Todesfällen; nach und nach werden ihre Stimmen lauter, ihr Tratsch greift weiter aus, sie sprechen

s'élèvent, leurs cancans s'élargissent, elles causent de la maison, du quartier, d'un crime qu'on a commis rue Nollet. Et, parfois, la mère se lève, vient regarder Charlot, comme pour s'assurer qu'il n'a pas remué.

La déclaration n'ayant pas été faite le soir, il leur faut garder le petit le lendemain, toute la journée. Ils n'ont qu'une chambre, ils vivent avec Charlot, mangent et dorment avec lui. Par instants, ils l'oublient; puis, quand ils le retrouvent, c'est comme s'ils le perdaient une fois encore.

Enfin, le surlendemain, on apporte la bière, pas plus grande qu'une boîte à joujoux, quatre planches mal rabotées, fournies gratuitement par l'administration, sur le certificat d'indigence. Et, en route! on se rend à l'église en courant. Derrière Charlot, il y a le père avec deux camarades rencontrés en chemin, puis la mère, Mme Bonnet et l'autre voisine, la couturière. Ce monde patauge dans la crotte jusqu'à mi-jambe. Il ne pleut pas, mais le brouillard est si mouillé, qu'il trempe les vêtements. A l'église, on expédie la cérémonie. Et la course reprend sur le pavé gras.

Le cimetière est au diable, en dehors des fortifications. On descend l'avenue de Saint-Ouen, on passe la barrière, enfin on arrive. C'est un vaste enclos, un terrain vague, fermé de murailles blanches. Des herbes y poussent, la terre remuée fait des bosses, tandis qu'au fond il y a une rangée d'arbres maigres, salissant le ciel de leurs branches noires.

Lentement, le convoi avance dans la terre molle. Maintenant, il pleut; et il faut attendre sous l'averse un vieux prêtre, qui se décide à sortir d'une petite chapelle. Charlot va dormir au fond de la fosse commune. Le champ est
120 semé de croix renversées par le vent, de couronnes pour-
121 ries par la pluie, un champ de misère et de deuil, dévasté,

über das Haus, das Stadtviertel, von einem Verbrechen, das in der Rue Nollet vorgefallen ist. Und immer wieder einmal steht die Mutter auf und schaut nach Charlot, als wolle sie sich vergewissern, daß er sich nicht bewegt hat.

Da sie den Sterbefall am Abend nicht mehr gemeldet haben, müssen sie den Kleinen den ganzen nächsten Tag dabehalten. Sie haben nur dieses Zimmer, sie wohnen bei Charlot, essen und schlafen neben ihm. Zuweilen vergessen sie ihn; wenn sie ihn dann wieder zur Kenntnis nehmen, ist es, als verlören sie ihn noch einmal.

Endlich, am übernächsten Tag, wird der Sarg gebracht, nicht größer als eine Spielzeugkiste, vier schlecht gehobelte Bretter, von der Behörde gegen Nachweis der Bedürftigkeit gestellt. Und nun los! Im Laufschritt geht es zur Kirche. Hinter Charlot schreiten der Vater mit zwei Kollegen, die sie unterwegs getroffen haben, dahinter die Mutter, Madame Bonnet und die andere Nachbarin, die Näherin. Die Gesellschaft watet bis halb zum Knie im Straßenkot. Es regnet nicht, aber der Nebel ist so feucht, daß er die Kleider durchnäßt. In der Kirche wird die Zeremonie rasch abgespult. Und weiter geht es, jetzt auf glitschigem Pflaster.

Der Friedhof liegt wer weiß wo jenseits der Stadtwälle. Es geht die Avenue de Saint-Ouen hinaus, durch den Stadtzoll, und schließlich sind sie da. Ein weiter, mit weißen Mauern umfriedeter Platz, in dem es wüst aussieht. Das Unkraut gedeiht, die umgewühlte Erde ist buckelig, im Hintergrund steht eine Reihe von kümmerlichen Bäumen, die den Himmel mit ihren schwarzen Ästen verunzieren.

In dem weichen Erdreich kommt der Trauerzug langsam voran. Es regnet jetzt, und in der herunterströmenden Nässe müssen sie auf einen alten Priester warten, der sich endlich entschließt, seine kleine Kapelle zu verlassen. Charlot wird tief unten im Massengrab ruhen. Das Feld ist bedeckt mit Kreuzen, die der Wind umgeworfen hat, mit Kränzen, die im Regen verfault sind, ein elender, trister Acker, rücksichtslos zertrampelt. Durch alle Poren

piétiné, suant cet encombrement de cadavres qu'entassent la faim et le froid des faubourgs.

C'est fini. La terre coule, Charlot est au fond du trou, et les parents s'en vont, sans avoir pu s'agenouiller, dans la boue liquide où ils enfoncent. Dehors, comme il pleut toujours, Morisseau, qui a encore trois francs sur les dix francs du bureau de bienfaisance, invite les camarades et les voisines à prendre quelque chose, chez un marchand de vin. On s'attable, on boit deux litres, on mange un morceau de fromage de Brie. Puis, les camarades, à leur tour, paient deux autres litres. Quand la société rentre dans Paris, elle est très gaie.

V

Jean-Louis Lacour a soixante-dix ans. Il est né à La Courteille, un hameau de cent cinquante habitants, perdu dans un pays de loups. En sa vie, il est allé une seule fois à Angers, qui se trouve à quinze lieues; mais il était si jeune, qu'il ne se souvient plus. Il a eu trois enfants, deux fils, Antoine et Joseph, et une fille, Catherine. Celle-ci s'est mariée; puis, son mari est mort, et elle est revenue chez son père, avec un petit de douze ans, Jacquinet. La famille vit sur cinq ou six arpents, juste assez de terre pour manger du pain et ne pas aller tout nu. Quand ils boivent un verre de vin, ils l'ont sué.

La Courteille est au fond d'un vallon, avec des bois de tous les côtés, qui l'enferment et la cachent. Il n'y a pas d'église, la commune est trop pauvre. C'est le curé des Cormiers qui vient dire la messe; et, comme on compte deux bonnes lieues de chemin, il ne vient que tous les quinze jours. Les maisons, une vingtaine de
122 masures branlantes, sont jetées le long de la grand'route.
123 Des poules grattent le fumier devant les portes. Lors-

dringt ihm die Masse von Leichen, die Hunger und Kälte aus den Armeleutevierteln hier anhäufen.

Es ist vobei. Erdreich rutscht, Charlot ist in seinem Loch, die Eltern gehen. In dem flüssigen Schlamm, in dem man einsinkt, haben sie nicht niederknien können. Draußen lädt Morisseau, weil es immer noch regnet, für die restlichen drei von den zehn Francs der Fürsorge die Kollegen und die Nachbarinnen ein, in einem Ausschank ein Gläschen zu trinken. Man setzt sich hin, man leert zwei Literflaschen, man ißt auch ein Stück Brie-Käse dazu. Dann sind die Kollegen dran und geben zwei weitere Liter aus. Als die Gesellschaft nach Paris zurückkehrt, ist sie sehr lustig.

V

Jean-Louis Lacour ist siebzig Jahre alt. Geboren ist er in La Courteille, einem Dorf von hundertfünfzig Einwohnern in einer Einsamkeit, wo sich die Füchse gute Nacht sagen. In seinem ganzen Leben ist er nur einmal in Angers gewesen, das fünfzehn Meilen entfernt ist; aber da war er so jung, daß er sich nicht mehr daran erinnert. Drei Kinder hat er, zwei Söhne, Antoine und Joseph, und eine Tochter, Catherine. Das Mädchen hat geheiratet, aber als ihr Mann starb, ist sie mit einem zwölfjährigen Jungen, Jacquinet, wieder zum Vater gezogen. Die Familie lebt auf fünf, sechs Arpents, gut zwei Hektar, gerade genug, um sein Brot essen zu können und nicht nackt gehen zu müssen. Wenn sie ein Glas Wein trinken, haben sie es mit Schweiß erkauft.

La Courteille liegt in einer Senke mit Bäumen ringsum, die es einschließen und verbergen. Eine Kirche gibt es nicht, die Gemeinde ist zu arm. Der Pfarrer von Les Cormiers kommt und liest die Messe, aber da der Weg gut zwei Meilen weit ist, kommt er nur alle vierzehn Tage. Die Häuser, ungefähr zwanzig baufällige Höfe, sind locker an der Landstraße aufgereiht. Hühner scharren auf den Misthaufen vor den Türen. Wenn ein Fremder

qu'un étranger passe, les femmes allongent la tête, tandis que les enfants, en train de se vautrer au soleil, se sauvent au milieu des bandes d'oies effarées.

Jamais Jean-Louis n'a été malade. Il est grand et noueux comme un chêne. Le soleil l'a séché, a cuit et fendu sa peau; et il a pris la couleur, la rudesse et le calme des arbres.

En vieillissant, il a perdu sa langue. Il ne parle plus, trouvant ça inutile. D'un pas long et entêté, il marche, avec la force paisible des bœufs.

L'année dernière, il était encore plus vigoureux que ses fils, il réservait pour lui les grosses besognes, silencieux dans son champ, qui semblait le connaître et trembler. Mais, un jour, voici deux mois, ses membres ont craqué tout d'un coup; et il est resté deux heures en travers d'un sillon, ainsi qu'un tronc abattu. Le lendemain, il a voulu se remettre au travail; seulement, ses bras s'en étaient allés, la terre ne lui obéissait plus. Ses fils hochent la tête. Sa fille tâche de le retenir à la maison. Il s'obstine, et on le fait accompagner par Jacquinet, pour que l'enfant crie, si le grand-père tombe.

– Que fais-tu là, paresseux? demande Jean-Louis au gamin, qui ne le quitte pas. A ton âge, je gagnais mon pain.

– Grand-père, je vous garde, répond l'enfant.

Ce mot donne une secousse au vieillard. Il n'ajoute rien. Le soir, il se couche et ne se relève plus. Quand les fils et la fille vont aux champs, le lendemain, ils entrent voir le père, qu'ils n'entendent pas remuer. Ils le trouvent étendu sur son lit, les yeux ouverts, avec un air de réfléchir. Il a la peau si dure et si tannée, qu'on ne peut pas savoir seulement la couleur de sa maladie.

124 – Eh bien? père, ça ne va donc pas?

125 Il grogne, il dit non de la tête.

vorbeikommt, recken die Frauen die Hälse, während die Kinder, die sich gerade in der Sonne geräkelt haben, zusammen mit den aufgeschreckten Gänseherden davonlaufen.

Niemals ist Jean-Louis krank gewesen. Er ist groß und knorrig wie eine Eiche. Die Sonne hat ihn ausgedörrt, hat seine Haut verbrannt und rissig gemacht, so daß er Farbe, Rauhigkeit und Ruhe eines alten Baumes angenommen hat. Mit den Jahren hat er das Sprechen verlernt. Er sagt nichts mehr, weil er es als überflüssig empfindet. Mit langen, eigensinnigen Schritten geht er dahin, ruhig und kraftvoll wie ein Ochse.

Noch letztes Jahr hatte er mehr Kraft als seine Söhne, übernahm die schwere Arbeit und schuftete schweigend auf seiner Erde, die ihn zu kennen und vor ihm zu zittern schien. Aber eines Tages, vor zwei Monaten, haben seine Glieder plötzlich nachgegeben; zwei Stunden hat er quer über einer Furche gelegen wie ein gefällter Stamm. Am Tag darauf will er sich wieder an die Arbeit machen, aber es geht nicht, seine Arme sind zu nichts mehr gut, die Erde gehorcht ihm nicht mehr. Die Söhne schütteln den Kopf, seine Tochter versucht ihn im Haus zu halten. Er versteift sich darauf, und so gibt man ihm Jacquinet zur Begleitung mit; das Kind soll rufen, wenn Großvater hinfällt.

«Was machst du da, du Faulpelz?» fragt Jean-Louis den Jungen, der ihm nicht von den Fersen weicht. «In deinem Alter habe ich mir schon mein Brot verdient.»

«Ich muß dich hüten, Großvater», erwidert das Kind.

Dieses Wort durchzuckt den alten Mann. Er sagt nichts weiter. Aber am Abend legt er sich hin und steht nicht mehr auf. Als Söhne und Tochter am anderen Tag aufs Feld gehen, schauen sie zum Vater hinein, hören aber nicht, daß er sich bewegt. Sie finden ihn mit offenen Augen und nachdenklicher Miene auf dem Bett liegen. Seine Haut ist so hart und gegerbt, daß man nicht einmal sehen kann, ob sie sich von der Krankheit verfärbt hat.

«Na, Vater, geht's nicht gut?»

Er brummelt etwas, schüttelt verneinend den Kopf.

– Alors, vous ne venez pas, nous partons sans vous?

Oui, il leur fait signe de partir sans lui. On a commencé la moisson, tous les bras sont nécessaires. Peut-être bien que, si l'on perdait une matinée, un orage brusque emporterait les gerbes. Jaquinet lui-même suit sa mère et ses oncles. Le père Lacour reste seul. Le soir, quand les enfants reviennent, il est à la même plàce, toujours sur le dos, les yeux ouverts, avec son air de réfléchir.

– Alors, père, ça ne va pas mieux?

Non, ça ne va pas mieux. Il grogne, il branle la tête. Qu'est-ce qu'on pourrait bien lui faire? Catherine a l'idée de mettre bouillir du vin avec des herbes; mais c'est trop fort, ça manque de le tuer. Joseph dit qu'on verra le lendemain, et tout le monde se couche.

Le lendemain, avant de partir pour la moisson, les fils et la fille restent un instant debout devant le lit. Décidément, le vieux est malade. Jamais il n'a vécu comme ça sur le dos. On devrait peut-être bien tout de même faire venir le médecin. L'ennui, c'est qu'il faut aller à Rougemont; six lieues pour aller, six lieues pour revenir, ça fait douze. On perdra tout un jour. Le vieux, qui écoute les enfants, s'agite et semble se fâcher. Il n'a pas besoin de médecin, ça ne sert à rien et ça coûte.

– Vous ne voulez pas? demande Antoine. Alors, nous partons travailler?

Sans doute, qu'ils partent travailler. Ils ne le soulageraient pas bien sûr, en restant là. La terre a plus besoin d'être soignée que lui. Et trois jours se passent, les enfants vont chaque matin aux champs, Jean-Louis ne bouge point, tout seul, buvant à une cruche quand il a soif. Il est comme un de ces vieux chevaux qui tombent de fatigue dans un coin, et qu'on laisse mourir. Il a travaillé
126 soixante ans, il peut bien s'en aller, puisqu'il n'est plus
127 bon à rien, qu'à tenir de la place et à gêner le monde.

«Dann kommst du nicht mit? Sollen wir ohne dich gehen?»

Ja, er macht ihnen ein Zeichen, sie sollen ohne ihn gehen. Die Ernte hat begonnen, jeder Arm wird gebraucht. Vielleicht verdirbt ein plötzliches Gewitter die Garben, wenn man einen Vormittag verliert. Sogar Jacquinet folgt seiner Mutter und seinen Onkeln. Vater Lacour bleibt allein. Als die Kinder am Abend heimkommen, liegt er noch da, wo er gelegen hat, nach wie vor auf dem Rücken, mit offenen Augen, mit seiner nachdenklichen Miene.

«Was ist, Vater, immer noch nicht besser?»

Nein, immer noch nicht besser. Er brummelt und wackelt mit dem Kopf. Was könnte man nur für ihn tun? Catherine verfällt darauf, ihm Wein mit Kräutern aufzukochen. Aber das ist zu stark, beinahe hätte es ihn umgebracht. Joseph erklärt, morgen werde man weitersehen, und alle gehen schlafen.

Am Tag darauf bleiben Söhne und Tochter, bevor sie zur Ernte gehen, einen Augenblick am Bett stehen. Der Alte ist wirklich krank. So auf dem Rücken hat er noch nie gelebt. Vielleicht sollte man doch den Arzt holen. Das Dumme ist nur, dafür muß man nach Rougemont, sechs Meilen hin, sechs Meilen zurück, macht zwölf. Das würde einen vollen Tag kosten. Der Alte, der zuhört, was seine Kinder sagen, wird unruhig und scheint sich aufzuregen. Er braucht keinen Arzt, das nützt doch nichts und kostet Geld.

«Du willst das also nicht?» fragt Antoine. «Dann gehen wir an die Arbeit?»

Natürlich gehen sie an die Arbeit. Sie würden ihm ja sowieso nichts nützen, wenn sie dablieben. Die Erde braucht die Pflege nötiger als er. Und so verstreichen drei Tage, jeden Morgen gehen die Kinder aufs Feld, Jean-Louis rührt sich nicht, liegt allein da, trinkt aus einem Krug, wenn er Durst hat. Es ergeht ihm wie einem alten Pferd, das ermattet in einer Ecke zusammensinkt und das man sterben läßt. Sechzig Jahre hat er gearbeitet, er kann getrost gehen, wenn er zu nichts mehr taugt als Platz wegzunehmen und den Leuten lästig zu fallen.

Les enfants eux-mêmes n'ont pas une grande douleur. La terre les a résignés à ces choses; ils sont trop près d'elle, pour lui en vouloir de reprendre le vieux. Un coup d'œil le matin, un coup d'œil le soir, ils ne peuvent pas faire davantage. Si le père s'en relevait tout de même, ça prouverait qu'il est rudement bâti. S'il meurt, c'est qu'il avait la mort dans le corps; et tout le monde sait que, lorsqu'on a la mort dans le corps, rien ne l'en déloge, pas plus les signes de croix que les médicaments. Une vache encore, ça se soigne.

Jean-Louis, le soir, interroge d'un regard les enfants sur la moisson. Quand il les entend compter les gerbes, se féliciter du beau temps qui favorise la besogne, il a une joie dans les yeux. Une fois encore, on parle d'aller chercher le médecin; mais le vieux s'emporte, et l'on craint de le tuer plus vite, si on le contrarie. Il fait seulement demander le garde champêtre, un ancien camarade. Le père Nicolas est son aîné, car il a eu soixante-quinze ans à la Chandeleur. Lui, reste droit comme un peuplier. Il vient et s'asseoit près de Jean-Louis, d'un air sérieux. Jean-Louis qui ne peut plus parler, le regarde de ses petits yeux pâlis. Le père Nicolas le regarde aussi, n'ayant rien à lui dire. Et ces deux vieillards restent face à face pendant une heure, sans prononcer une parole, heureux de se voir, se rappelant sans doute des choses, bien loin, dans leurs jours d'autrefois. C'est ce soir-là que les enfants, au retour de la moisson, trouvent Jean-Louis, mort, étendu sur le dos, raide et les yeux en l'air.

Oui, le vieux est mort, sans remuer un membre. Il a soufflé son dernier souffle droit devant lui, une haleine de plus dans la vaste campagne. Comme les bêtes qui se cachent et se résignent, il n'a pas même dérangé un
 voisin, il a fait sa petite affaire tout seul.

 – Le père est mort, dit Joseph, en appelant les autres.

Die Kinder ihrerseits sind nicht besonders betrübt. Die Erde hat sie an so etwas gewöhnt; sie sind ihr zu nahe, als daß sie es ihr verübeln könnten, daß sie den Alten heimholt. Ein Nachsehen am Morgen, ein Nachsehen am Abend, mehr können sie nicht tun. Sollte der Vater trotz allem davonkommen, so wäre das der Beweis, daß er verdammt gut gebaut ist. Stirbt er, so war der Tod schon in ihm drin, und das weiß ja jeder: wenn der Tod in einem drin ist, kann ihn nichts vertreiben, weder Kreuzeszeichen noch Medikamente. Eine Kuh, ja, die kann man behandeln.

Am Abend befragt Jean-Louis die Kinder mit einem Blick nach der Ernte. Wenn er hört, wie sie die Garben zählen und sich zu dem guten Wetter beglückwünschen, das die Arbeit begünstigt, kommt eine Freude in seine Augen. Noch einmal ist davon die Rede, ob man den Arzt holen soll, aber der Alte wird wütend; sie haben Angst, daß er ihnen noch schneller stirbt, wenn sie ihm widersprechen. Er verlangt nur nach dem Feldhüter, einem alten Freund. Vater Nicolas ist älter als er, zu Lichtmeß ist er fünfundsiebzig geworden. Aber er hält sich gerade wie eine Pappel. Er kommt und setzt sich mit ernster Miene zu Jean-Louis, und der blickt ihn mit seinen kleinen, farblos gewordenen Augen an. Vater Nicolas seinerseits schaut ihn an, weil er ihm nichts zu sagen weiß. Und so bleiben die beiden Alten einander eine Stunde lang gegenüber, ohne ein Wort zu sprechen, glücklich, einander zu sehen, ganz gewiß voller Erinnerungen an ganz ferne Ereignisse aus ihren früheren Tagen. An diesem Abend finden die Kinder bei der Rückkehr von der Ernte Jean-Louis tot vor; er liegt steif auf dem Rücken und starrt in die Luft.

Ja, der Alte ist gestorben, ohne ein Glied zu rühren. Er hat seinen letzten Atemzug kerzengrade ausgestoßen, ein Hauch mehr im weiten Land. Wie die Tiere, die sich verkriechen und in ihr Schicksal ergeben, hat er nicht einmal einen Nachbarn gestört. Er hat diese Kleinigkeit mit sich allein abgemacht.

«Der Vater ist tot», ruft Joseph den anderen zu.

Et tous, Antoine, Catherine, Jacquinet, répètent:

– Le père est mort.

Ça ne les étonne pas. Jacquinet allonge curieusement le cou, la femme tire son mouchoir, les deux garçons marchent sans rien dire, la face grave et blêmie sous le hâle. Il a tout de même joliment duré, il était solide, le vieux père! Cette idée console les enfants, ils sont fiers de la solidité de la famille.

La nuit, on veille le père jusqu'à onze heures, puis tout le monde cède au sommeil; et Jean-Louis dort seul encore, avec son visage fermé qui semble toujours réfléchir.

Dès le petit jour, Joseph part pour les Cormiers, afin d'avertir le curé. Cependant, comme il y a encore des gerbes à rentrer, Antoine et Catherine s'en vont tout de même aux champs le matin, en laissant le corps à la garde de Jaquinet. Le petit s'ennuie avec le vieux, qui ne remue seulement pas, et il sort par moments sur la route, lance des pierres aux moineaux, regarde un colporteur étalant des foulards devant deux voisines; puis, quand il se souvient du grand-père, il rentre vite, s'assure qu'il n'a point bougé, et s'échappe de nouveau pour voir deux chiens se battre.

Comme la porte reste ouverte, les poules entrent, se promènent tranquillement, en fouillant à coups de bec le sol battu. Un coq rouge se dresse sur ses pattes, allonge le cou, arrondit son œil de braise, inquiet de ce corps dont il ne s'explique pas la présence; c'est un coq prudent et sagace, qui sait sans doute que le vieux n'a pas l'habitude de rester au lit après le soleil levé; et il finit par jeter son cri sonore de clairon, chantant la mort du vieux, tandis que les poules ressortent une à une, en
130 glousssant et en piquant la terre.

131 Le curé des Cormiers ne peut venir qu'à cinq heures.

Und alle, Antoine, Catherine, Jacquinet sprechen es nach: «Der Vater ist tot.»

Es wundert sie nicht. Jacquinet reckt neugierig den Hals, die Frau zieht ihr Taschentuch heraus, die beiden jungen Männer gehen schweigend auf und ab; ihre Gesichter sind ernst und unter der Sonnenbräune blaß geworden. Immerhin, er hat ganz schön durchgehalten, Kraft hatte er, der Alte! Dieser Gedanke tröstet die Kinder, sie sind stolz darauf, daß die Familie so kräftig ist.

In der Nacht wachen sie beim Vater bis elf Uhr. Dann lassen sich alle vom Schlaf übermannen, und Jean-Louis mit seinem verschlossenen Gesicht, das noch immer nachzudenken scheint, schläft wieder allein.

Bei Tagesanbruch begibt sich Joseph nach Les Cormiers, um dem Pfarrer Bescheid zu sagen. Und weil noch Garben einzubringen sind, gehen Antoine und Catherine am Morgen trotz allem aufs Feld und überlassen den Leichnam der Obhut des kleinen Jacquinet. Er langweilt sich bei dem Alten, der sich einfach nicht rührt, und so läuft er von Zeit zu Zeit auf die Straße, wirft mit Steinen nach den Spatzen, schaut einem Hausierer zu, der zwei Nachbarinnen seidene Halstücher vorführt. Wenn ihm dann der Großvater wieder einfällt, geht er rasch hinein, schaut, ob sich nichts verändert hat, und reißt wieder aus, um zuzusehen, wie sich zwei Hunde balgen.

Da die Tür offensteht, kommen die Hühner herein und spazieren friedlich herum, picken mit ihren Schnäbeln im gestampften Lehmboden. Ein roter Hahn richtet sich hochbeinig auf, reckt den Hals und macht sein kohlschwarzes Auge ganz rund: ein vorsichtiger und kluger Hahn ist das, der sicherlich weiß, daß der Alte sonst nicht bis nach Sonnenaufgang im Bett bleibt.

Schließlich trompetet er seinen lauten Schrei heraus und besingt den Tod des Alten, während die Hennen eine nach der anderen glucksend und pickend hinausmarschieren.

Der Pfarrer von Les Cormiers kann erst um fünf Uhr kommen.

Depuis le matin, on entend le charron qui scie du sapin et enfonce des clous. Ceux qui ignorent la nouvelle, disent: «Tiens! c'est donc que Jean-Louis est mort», parce que les gens de La Courteille connaissent bien ces bruits-là.

Antoine et Catherine sont revenus, la moisson est terminée; ils ne peuvent pas dire qu'ils sont mécontents, car, depuis dix ans, le grain n'a pas été si beau.

Toute la famille attend le curé, on s'occupe pour prendre patience: Catherine met la soupe au feu, Joseph tire de l'eau, on envoie Jacquinet voir si le trou a été fait au cimetière. Enfin, à six heures seulement, le curé arrive. Il est dans une carriole, avec un gamin qui lui sert de clerc. Il descend devant la porte des Lacour, sort d'un journal son étole et son surplis; puis, il s'habille, en disant:

– Dépêchons-nous, il faut que je sois rentré à sept heures.

Pourtant, personne ne se presse. On est obligé d'aller chercher les deux voisins qui doivent porter le défunt sur la vieille civière de bois noir. Comme on va partir enfin, Jacquinet accourt et crie que le trou n'est pas fini, mais qu'on peut venir tout de même.

Alors, le prêtre marche le premier, en lisant du latin dans un livre. Le petit clerc qui le suit, tient un vieux bénitier de cuivre bossué, dans lequel trempe un goupillon. C'est seulement au milieu du village qu'un autre enfant sort de la grange où l'on dit la messe tous les quinze jours, et prend la tête du cortège, avec une croix emmanchée au bout d'un bâton. La famille est derrière le corps; peu à peu, tous les gens du village se joignent à elle; une queue de galopins, nu-tête, débraillés, sans souliers, ferme la marche.

132 Le cimetière se trouve à l'autre bout de La Courteille.
133 Aussi les deux voisins lâchent-ils la civière à trois re-

Seit dem Morgen hört man, wie der Stellmacher Fichtenbretter sägt und Nägel einschlägt. Wer es nach nicht erfahren hat, sagt jetzt: «So so, der alte Jean-Louis ist also gestorben», denn die Leute von La Courteille kennen dieses Geräusch gut.

Antoine und Catherine sind heimgekommen, die Ernte ist eingebracht; sie können nicht sagen, daß sie unzufrieden wären; seit zehn Jahren ist das Korn nicht so schön gewesen.

Die ganze Familie wartet auf den Pfarrer, alle tun etwas, um nicht ungeduldig zu werden: Catherine setzt die Suppe aufs Feuer, Joseph holt Wasser vom Brunnen, und Jacquinet wird ausgeschickt, um zu sehen, ob das Loch auf dem Friedhof schon gegraben ist. Endlich, um sechs Uhr erst, kommt der Pfarrer zusammen mit einem kleinen Jungen, der ihm als Gehilfe dient, in einem einachsigen Wagen. Vor der Tür von Lacours steigt er aus, wickelt Stola und Chorhemd aus einer Zeitung und zieht sich an, wobei er erklärt:

«Wir wollen uns beeilen, um sieben Uhr muß ich zurück sein.»

Aber niemand überstürzt etwas. Zuerst müssen die beiden Nachbarn geholt werden, die den Verstorbenen auf der alten Bahre aus schwarzem Holz tragen sollen. Als es dann endlich losgehen soll, kommt Jacquinet angelaufen und ruft, das Loch sei noch nicht fertig, aber sie könnten trotzdem schon kommen.

So geht denn der Priester voran und liest etwas Lateinisches aus einem Buch. Sein kleiner Gehilfe trägt ein altes, verbeultes Weihwassergefäß aus Kupfer, in dem ein Weihwedel steckt. Erst in der Dorfmitte kommt ein weiterer Junge aus der Scheune, wo alle vierzehn Tage die Messe gelesen wird, und setzt sich mit einem Kreuz auf langer Stange an die Spitze des Zuges. Die Familienangehörigen gehen hinter dem Toten; nach und nach gesellen sich alle Dorfbewohner zu ihnen, und ein Rattenschwanz von barhäuptigen, unordentlich gekleideten Schlingeln beschließt mit nackten Füßen den Zug.

Der Friedhof liegt am anderen Ende von La Courteille. So setzen die beiden Nachbarn die Bahre dreimal ab, um Atem zu

prises; ils soufflent, pendant que le convoi s'arrête; et l'on repart. On entend le piétinement des sabots sur la terre dure. Quand on arrive, le trou, en effet, n'est pas terminé; le fossoyeur est encore dedans, et on le voit qui s'enfonce, puis qui reparaît, régulièrement, à chaque pelletée de terre.

Une simple haie entoure le cimetière. Des ronces ont poussé, où les gamins viennent, les soirs de septembre, manger des mûres. C'est un jardin en rase campagne. Au fond, il y a des groseilliers énormes; un poirier, dans un coin, a grandi comme un chêne; une courte allée de tilleuls, au milieu, fait un ombrage, sous lequel les vieux en été fument leur pipe. Le soleil brûle, des sauterelles s'effarent, des mouches d'or ronflent dans le frisson de la chaleur. Le silence est tout frémissant de vie, la sève de cette terre grasse coule avec le sang rouge des coquelicots.

On a posé le cercueil près du trou. Le gamin qui porte la croix, vient la planter aux pieds du mort, pendant que le prêtre, debout à la tête, continue de lire du latin dans son livre. Mais les assistants s'intéressent surtout au travail du fossoyeur. Ils entourent la fosse, suivent la pelle des yeux; et, quand ils se retournent, le curé s'en est allé avec les deux enfants; il n'y a plus là que la famille, qui attend d'un air de patience.

Enfin, la fosse est creusée.

– C'est assez profond, va! crie l'un des paysans qui ont porté le corps.

Et tout le monde aide pour descendre le cercueil. Le père Lacour sera bien, dans ce trou. Il connaît la terre, et la terre le connaît. Ils feront bon ménage ensemble. Voici près de soixante ans qu'elle lui a donné ce rendez-
134 vous, le jour où il l'a entamée de son premier coup de
135 pioche. Leurs tendresses devaient finir par là, la terre

schöpfen. So lange hält der Zug an, und dann geht es weiter. Man hört das Stampfen der Holzschuhe auf dem harten Boden. Bei der Ankunft ist das Loch tatsächlich noch nicht fertig; der Totengräber steht noch darin, und man kann verfolgen, wie er bei jeder Schaufel voll Erde ganz gleichmäßig verschwindet und wieder auftaucht.

Der Friedhof ist nur von einer Hecke umgeben. Sie ist mit Dorngestrüpp durchwachsen; im September kommen abends die Kinder, um Brombeeren zu essen. Das Ganze wirkt wie ein Garten auf freiem Feld. Hinten stehen gewaltige Johannisbeersträucher, in der Ecke ein Birnbaum, der so groß wie eine Eiche geworden ist. In der Mitte spendet eine kurze Lindenallee Schatten; dort sitzen im Sommer die Alten und rauchen ihre Pfeife. Die Sonne brennt, ein paar Grashüpfer lassen sich erschrecken, goldene Fliegen summen in der zitternden Hitze. Die Stille bebt vor Leben, der Lebenssaft dieser fetten Erde fließt in dem roten Blut des Klatschmohns.

Den Sarg haben sie neben dem Loch abgestellt. Der Junge, der das Kreuz trägt, stellt es zu Füßen des Verstorbenen ab, während der Priester, am Kopfende stehend, weiter Latein aus seinem Buch vorliest. Aber die Anwesenden interessieren sich vor allem für die Arbeit des Totengräbers. Sie umstehen das Grab, verfolgen die Schaufel mit ihren Blicken, und als sie sich umwenden, ist der Pfarrer mit den beiden Jungen schon gegangen; nur die Familie ist noch da und wartet in geduldiger Haltung.

Endlich ist das Grab ausgehoben.

«Jetzt ist's tief genug, komm!» ruft einer der Bauern, die den Toten getragen haben.

Und alle helfen beim Hinunterlassen des Sarges. Vater Lacour wird gut ruhen in diesem Loch. Die Erde ist ihm vertraut. Sie werden sich gut vertragen. Seit beinahe sechzig Jahren hat sie diese Verabredung mit ihm getroffen, seit dem Tage, da er sie mit dem ersten Schlag seiner Hacke angegangen ist. Was sie einander zuliebe getan haben, hatte so zu enden, die Erde sollte ihn

devait le prendre et le garder. Et quel bon repos! Il entendra seulement les pattes légères des oiseaux plier les brins d'herbe. Personne ne marchera sur sa tête, il restera des années chez lui, sans qu'on le dérange. C'est la mort ensoleillée, le sommeil sans fin dans la paix des campagnes.

Les enfants se sont approchés. Catherine, Antoine, Joseph, ramassent une poignée de terre et la jettent sur le vieux. Jacquinet, qui a cueilli des coquelicots, jette aussi son bouquet. Puis, la famille rentre manger la soupe, les bêtes reviennent des champs, le soleil se couche. Une nuit chaude endort le village.

aufnehmen und behalten. Welch eine schöne Rast! Er wird nur die leichten Krallen der Vögel hören, wie sie die Grashalme niedertreten. Niemand wird ihm auf dem Kopf herumtrampeln, viele Jahre wird er in seinem Haus geborgen sein, ohne daß ihn jemand stört. Ein Tod in der Sonne, der ewige Schlaf im Frieden des weiten Landes.

Die Kinder sind ans Grab getreten. Catherine, Antoine und Joseph nehmen eine Handvoll Erde und werfen sie auf den Alten. Jacquinet hat Mohn gepflückt und läßt seinen Strauß hineinfallen. Dann geht die Familie heim, um ihre Suppe zu essen, das Vieh kommt von den Feldern, die Sonne geht unter. Eine warme Nacht wiegt das Dorf in den Schlaf.

Naturalist : 19 Jh

determiner par le milieu et l'hérédité

Émile Zola wurde am 12. April 1840 in Paris geboren und wuchs in Aix-en-Provence auf. Sein Vater, ein italienischer Ingenieur, starb, als Émile sieben Jahre alt war. Der Achtzehnjährige zog mit seiner Mutter nach Paris. Nach zwei gescheiterten Anläufen mußte er es aufgeben, das Abitur zu machen. Die Mutter konnte ihn nicht länger unterhalten. Er fand einen Platz im Verlagshaus Hachette und war nach einiger Zeit für die Werbung verantwortlich: er erlebte, wie das Geschäft der Literatur betrieben wurde, er lernte, wie man zu schreiben und sich zu verkaufen hatte. Dies zu tun, war, von den ersten Erzählungen (1864) an, sein unverrückbares Ziel: «Ob die geschriebene Seite gut oder schlecht ist, erscheinen muß sie».

Beiträge in Zeitschriften, Feuilletons, Rezensionen, nichts darf verabsäumt werden, was dazu verhelfen kann, im Gespräch zu bleiben. Die Sujets und die Schreibe müssen den Leser packen, die Romantiker wie Hugo oder Musset sind überholt; wenn schon Vorbilder, dann «Realisten» wie Flaubert, aber man muß weiter gehen: «Naturalismus» ist das magische Wort. Auf den Vorwurf eines Freundes, mit seinen melodramatischen ersten Romanen vergeude er sein Talent, antwortet Zola: «Ich brauche die Masse, ich mache mich an sie heran, wie es gerade geht, ich probiere alle Mittel, um sie zu zähmen. Es geht für mich derzeit um zweierlei: ich muß bekannt werden und ich brauche Geld.» Beides stellt sich bei so rastlosem Fleiß bald ein. Zola kann heiraten, bei Hachette kündigen, eine schöne Wohnung beziehen.

Jetzt muß der wirkliche Durchbruch folgen. So entsteht der Plan, ein Gegenstück zu Balzacs «Menschlicher Komödie» zu schaffen: ein gewaltiges Fresko der fünfziger und sechziger Jahre in Form einzelner Romane, die man jeden für sich lesen und kaufen kann, deren Hauptfiguren aber Mitglieder der gleichen Familie sind: *Les Rougon-Macquart – Histoire naturelle et sociale d'une famille sous le second Empire.* Fast alle diese Romane, die jeweils einen Ausschnitt aus der Gesellschaft dramatisch aufbereiten, werden Erfolge, entzweien wegen ihrer äußerst konkreten

Schilderungen das Publikum, tragen Zola Vorwürfe, Feindschaften, Prozesse, aber auch begeisterte Zustimmung ein. Unter wie unwürdigen Umständen die Arbeiter leben, was sich bei den Spekulanten an der Börse tut, warum Prostituierte auf die Straße gehen, welche Entsagungen die kleinen Ladenbesitzer auf sich nehmen, wie die Existenz eines Künstlers aussieht, wie es im Markthallenviertel oder bei den Bergleuten unter Tage zugeht, wie Alkohol, Geld, Glaube und Aberglaube, Unwissenheit und Gerissenheit die Menschen formen – eine ganze Generation hat ihre Kenntnis von der Welt, in der sie lebte, aus diesen Romanen bezogen, von denen *Le Ventre de Paris, L'Assommoir, Nana, Au Bonheur des Dames, Germinal, La Débâcle* am bekanntesten geworden sind.

1893 ist das Riesengebäude aus zwanzig Romanen mit seinen 1200 Personen, in dem wie bei Balzac großartige und platte Passagen unvermittelt aufeinander folgen, abgeschlossen. Zola ist so berühmt und reich geworden, wie er es zwanzig Jahre zuvor gewollt hat. Er fühlt sich ausgebrannt, und in der Tat reichen die Werke, die er bis zu seinem Tode (am 29. September 1902) noch geschrieben hat, nicht mehr an die *Rougon-Macquart* heran.

Doch das Schicksal wirft ihm in diesem letzten Lebensjahrzehnt noch eine Aufgabe zu, an der sich seine kämpferische, an alle Formen der Auseinandersetzung gewöhnte Natur bewähren kann. Die Affäre um den zu Unrecht von einem Militärgericht verurteilten angeblichen Spion Hauptmann Dreyfus sieht ihn mit Clemenceau und Jaurès auf der Seite derer, die der Vertuschungspolitik einer einflußreichen Kaste von Militärs, Klerikern, Antisemiten und politischen Traditionalisten Paroli bieten: Am 13. Januar 1898 erscheint unter dem berühmt gewordenen Titel «J'Accuse...!» sein offener Brief, um dessentwillen er zu Gefängnis verurteilt wird und ein Jahr nach England gehen muß. Für das republikanische Frankreich ist die schmerzhafte Wachstumskrise der Dreyfus-Affäre nicht zuletzt dank dieses «Ich klage an!» zu einer segensreichen Selbstbefreiung geworden. So kann Anatole

France am Grabe Zolas sagen: «Wir müssen ihn beneiden: er hat seinem Vaterland und der Welt Ehre gemacht mit einem großen Werk und mit einer großen Tat.»

Die Texte «Wie man heiratet» sind 1893 in der illustrierten Beilage zu der Zeitung *Le Journal* veröffentlicht worden; «Wie man stirbt» schon 1883 zusammen mit einigen Novellen in Buchform. Sie sind im Schatten der großen Romane so gut wie unbekannt geblieben. Doch was ihnen an Spannung abgeht, wird durch die Präzision im Rahmen der selbstauferlegten Beschränkung auf wenige, typische, kurz abzuhandelnde Episoden aufgewogen. Wer einen ersten Eindruck von der Schärfe der Beobachtung, von den Stärken und Schwächen des Stils dieses engagierten Schriftstellers bekommen möchte, empfängt den Eindruck hier auf engstem Raum, und weil das jeweils gleiche Thema auf den verschiedenen gesellschaftlichen Ebenen dargestellt wird, spürt der Leser sogar ein wenig von der Breite der kritischen Anteilnahme des Verfassers der *Rougon-Macquart*. – ufm –

Englische und amerikanische Erzähler in zweisprachigen Sammelbänden